Anna Trökes
Yoga-Meditation für Anfänger

Anna Trökes

YOGA
Meditation
für Anfänger

Einfach meditieren lernen –
Schritt für Schritt

Hinweis für unsere Leser: Das vorliegende Buch ist sorgfältig erarbeitet worden. Dennoch erfolgen alle Angaben ohne Gewähr. Weder Autorin noch Verlag können für eventuelle Schäden, die aus den im Buch gegebenen praktischen Hinweisen resultieren, eine Haftung übernehmen.

3. Auflage 2016

Verlag Via Nova, Alte Landstr. 12, 36100 Petersberg

Telefon: (06 61) 6 29 73

Fax: (06 61) 9 67 95 60

E-Mail: info@verlag-vianova.de

Internet: www.verlag-vianova.de / www. transpersonale.de

Umschlaggestaltung: Guter Punkt, München

Fotos: Anna Trökes, Bettina Steinmetz, Franziska Steinmetz

Satz: Felicitas Holdau

Druck und Verarbeitung: Appel & Klinger, 96277 Schneckenlohe

ISBN 978-3-86616-193-1

Inhalt

Yogameditationen – viele Wege zum Ziel

Einleitung

Warum es sich lohnt, meditieren zu lernen

Man hört und liest in letzter Zeit viel über Meditation. Obwohl Menschen schon seit Tausenden von Jahren meditieren, beginnen sich erst jetzt – da die bildgebenden Verfahren der Hirnforschung eindeutig Beweise für die positive Wirkung liefern – wirklich viele Menschen dafür zu interessieren.

Manager, Sozialarbeiterinnen, Lehrer, Ärzte, Pflegekräfte suchen Meditationskurse auf, um zu lernen, wie sie ihren Geist in die Ruhe führen und dem allgegenwärtigen Stress entgegenwirken können. Meditation ist heute in der Rehabilitation, zum Beispiel nach Krebserkrankungen, oder in der Posttraumatischen Therapie nicht mehr wegzudenken, denn die Forscher in diesen Disziplinen haben gemerkt, dass der Geist Hilfe braucht, um über ein einschneidendes Erlebnis gut hinwegzukommen.

Menschen mit Burn-out suchen die Meditation, um ihre Batterien wieder aufzuladen.

Schauspieler, Tänzer und bildende Künstler suchen in der dynamischen Stille der Meditation den Geisteszustand, der ihre Kreativität aufblühen lässt und ihnen Zugang schafft zu dem unbewussten Bereich, in dem der Schatz ihrer inneren Bilder und Visionen schlummert.

Eltern kleiner Kinder meditieren, damit sie ihren Kindern eine klare, achtsame und liebevolle Erziehung angedeihen lassen können.

Erzieher und Lehrer meditieren, um dem Stress in der Klasse und angesichts der ständig wachsenden Verwaltungsarbeit gewachsen zu sein.

Die Sachbearbeiterin im Arbeitsamt, die Hartz-IV-Empfänger betreut, meditiert, um angesichts all der Bürokratie und der persönlichen Schicksale, mit denen sie ständig konfrontiert wird, nicht irgendwann verrückt zu werden.

Ärzte meditieren, um endlich auch mal für sich selbst etwas Gutes zu tun und ihre Batterien wieder aufzuladen.

Spitzensportler meditieren, um dem allgegenwärtigen Druck der Erwartungen, der auf ihnen lastet, gewachsen zu sein.

Manche Menschen meditieren, um Frieden zu finden. Andere meditieren, um Gott näher zu kommen. Wieder andere meditieren, um ihren Geist nachhaltig zu entschleunigen.

Jeder, der meditiert, erhofft sich etwas – und wird fündig werden, sobald sein Geist lernt, stabil, ruhig und friedvoll zu sein.

Dieses Buch bietet viele verschiedene Zugänge in die Welt der Meditation. Und es zeigt die Grundlagen, auf denen Meditation basiert, und die Gesetze, nach denen sie funktioniert. Wenn wir diese Grundlagen und Gesetze kennen, können wir viele Umwege vermeiden und gleich den günstigen Weg wählen, um einfach meditieren zu lernen.

Yogameditation – die Einheit in der Vielfalt

Es gibt in den vielfältigen Yogatraditionen, die sich im Laufe von Jahrtausenden in Indien und dem Himalajaraum entwickelt haben, unendlich viele Konzepte und Methoden der Meditation. Jedes Konzept und jeder Ansatz ist in sich logisch und sinnvoll. Ähnlich wie bei den Asanas sind diese verschiedenen Sichtweisen und Zugänge entwickelt worden, da die Menschen in ihren Bedürfnissen und Fähigkeiten so unterschiedlich sind und doch jede und jeder etwas finden soll, das als angemessen und passend erfahren werden kann.

Entsprechend werde ich auch in diesem Buch eine Reihe unterschiedlicher Meditationsformen vorstellen, die jedoch alle dem Yoga und seiner Philosophie ganz eng verbunden sind.

Aus dieser Vielfalt wird sich dann jede Leserin und jeder Leser die Methoden und Techniken heraussuchen können, die sie/ihn ansprechen und die dann für sie oder ihn auch tatsächlich »funktionieren«. Dazu bedarf es zum einen der Entwicklung förderlicher Grundlagen und Bedingungen, aus denen heraus der Zustand der Meditation entstehen kann, und zum anderen einer regelmäßigen Übungspraxis, die unangestrengt und selbstverständlich ist.

Yogameditation lehrt uns, dass alles, was sich in uns abspielt, nichts anderes als Energie ist, und dass die Form, die diese Energie annimmt, immer mit unserer Geisteshaltung zu tun hat. An dieser Geisteshaltung können wir arbeiten und wir können lernen, sie zu modifizieren. Deshalb ist das Hauptanliegen dieses Kompendiums, Methoden vorzustellen, die helfen, in uns die Entspannung im Sinne einer wachen Ruhe zu etablieren, aus der heraus sich dann die Klarheit, der innere Frieden und die Stabilität des Geistes entwickeln können.

Diese Qualitäten sind unverzichtbar, um den ständig steigenden Anforderungen des Alltags gewachsen zu sein und um unsere mentale und körperliche Gesundheit bewahren zu können. Und sie werden uns erlauben, alles, was in uns lebt, bewusst zu integrieren – auch die »Dämonen« –, sodass wir uns eines Tages aus unserem tiefsten Empfinden heraus als vollkommen und »eins« erfahren werden.

Damit stellt die Yogameditation einen ganz entscheidenden Beitrag zur Bewältigung unseres modernen Lebens dar. Gleichzeitig ist sie zeitlos und wendet sich an das menschliche Potenzial in uns, das ebenfalls zeitlos ist und immer der Entfaltung harrt – also all das, was wir noch an Fähigkeiten und Einsichten entwickeln können, wenn wir es immer wieder wagen, über uns hinauszuwachsen und unserem Leben eine neue Richtung zu geben.

Die Grundlagen der Meditation

*In diesem Kapitel
wirst du viel Wissenswertes und Nützliches
darüber erfahren, was Yogameditation ist
und in wie vielen Formen sie sich ausdrückt.
Damit du verstehen kannst,
auf welchen Weg du dich nun begibst, werde ich dir
erklären, wie Meditation definiert wird.
Dieses Kapitel wird dich auch
mit den gängigen Hindernissen vertraut machen –
und dir vor allem Wege zeigen,
wie du diese Hindernisse schwächen und
beseitigen kannst. Damit werden dir
nicht nur die Grundlagen der Meditation,
sondern auch des Yoga an sich erklärt –
denn Yoga und Mediation sind nicht zu trennen.*

1

Meditation – das Herzstück des Yoga

»In dem Maße, in dem das Verständnis
von einem Gegenstand in der Medtation
immer vollkommener wird,
enthüllt sich einem Menschen
sein wahres inneres Wesen.«
Yoga Sutra 1.47[1]

Yogameditation ist bis heute im Westen weitgehend unbekannt – im Gegensatz zu dem großen, etablierten Angebot an Zenmeditation, Achtsamkeits-(Vipassana-)meditation und vielen Formen der tibetisch-buddhistischen und der christlichen Meditation. Die vielfältigen Meditationsformen des Yoga, so wie sie in seinen Quellentexten zu finden sind, werden jedoch noch selten gelehrt. Das hat sicher sehr viel damit zu tun, dass Yogapraxis lange gleichgesetzt – und verwechselt – wurde mit dem Üben von Asanas und Entspannungsmethoden. An das jedoch, was das Wesentliche dieses alten Übungsweges ausmacht – Pranayama (Atemübungen), Meditation und die Vermittlung der Yogaphilosophie –, wagten sich in den letzten Jahrzehnten nur wenige YogalehrerInnen heran. Ein Grund dafür könnte sein, dass die Begegnung mit dem Atem

---

1   In der Übertragung von Desikachar.

oder dem eigenen inneren Wesenskern eine viel intensivere Begleitung der Übenden braucht, als es die Struktur unseres modernen Gruppenunterrichts ermöglicht, und dass sich viele Yogalehrende dafür nicht genügend ausgebildet und erfahren fühlen.

So werden in vielen Yogakursen die Methoden nicht oder kaum angeboten, die es uns ermöglichen, wirklich umfassend und tiefgehend in Kontakt mit dem zu treten, was den wahren Erfahrungsschatz und Reichtum des Yoga ausmacht: der Yogameditation als dem Mittel zur Beruhigung, Besänftigung, Klärung und Verfeinerung unseres Geistes.

Was ist Yogameditation?

Alles, was uns über die Jahrtausende hinweg von den Rishis (Sehern), Pandits (Lehrern) und Gurus (Wegbegleitern) überliefert wurde, ist von ihnen im Zustand der Meditation geschaut und erfahren worden. Es basiert offenkundig und spürbar nicht auf gelerntem und verstandesmäßig erworbenem (kognitivem) Wissen, sondern auf Einsichten, die sich auf ihrer inneren Schau und/oder Offenbarung gründen.

Egal, was die unterschiedlichen Traditionen über den Zustand des Yoga aussagen, und egal, wie ihre Definitionen lauten: Mit dem, was sie Yoga nennen, beschreiben sie in der Regel den Zustand der Meditation. So ist Meditation ohne Zweifel das Herzstück des Yoga.

Yoga ist Meditation!

Die Definition, die unser Yogaverständnis im Westen wahrscheinlich am nachhaltigsten geprägt hat, stammt von dem Weisen Patañjali[2] und leitet das Yoga-Sutra ein.

»Yogash citta vritti nirodah – Yoga ist das Ruhigstellen oder Abschalten der Bewegungen des Geistes«, heißt es im Yoga-Sutra 1.2. Und natürlich geschieht genau das, wenn der Zustand der Meditation wirklich

---

2   Patañjali ist eine mythische Gestalt, die als Autor des Yoga-Sutra gilt. Der »Leitfaden des Yoga« wurde im Zeitraum 200 v.–200 n. Chr. verfasst.

erreicht worden ist: Der Geist ist mit all seinen Aktivitäten zur Ruhe gekommen; er ist wie abgeschaltet. »Abgeschaltet« meint, dass in diesem Zustand nicht mehr – wie sonst immer – alles Denken, Fühlen, Meinen, Werten, Planen, Handeln usw. auf der Grundlage der persönlichen Prägungen und Konditionierungen geschieht.

Das Yoga-Sutra beschreibt die innere Verfassung eines Menschen in der Meditation als außerordentlich klar, ruhig und friedvoll. Da sein Alltagsbewusstsein inaktiv ist, erkennt er, was in ihm und in der Welt wesentlich und nicht dem ewigen Wandel unterworfen ist. Sein Sehen und sein Erfahren in diesem Zustand sind gänzlich unbefleckt von allen alten Mustern und Meinungen. Seine Wahrnehmung ist frisch, klar und unmittelbar. Der Mensch in der Meditation sieht die Welt so, wie sie ist, und erfährt in sich selbst etwas, das jenseits seines Gewordenseins als Persönlichkeit existiert: seinen Wesenskern und sein Da-Sein im Hier und Jetzt.

Fast alle späteren Yogatraditionen – so auch der Hatha-Yoga – beziehen sich meines Wissens im Grunde auf diese Definition Patañjalis, auch wenn sie den Übungsweg zu diesem Zustand mithilfe von Methoden beschreiben, die sich teilweise sehr stark voneinander und von denen des Yoga-Sutra unterscheiden.

So sind im Laufe der Jahrtausende vielfältige Yogameditationsformen entstanden, die sehr unterschiedliche Meditations-»Objekte« nutzen, um den Geist darin zu unterstützen, sich zu sammeln, in der Sammlung zu bleiben und sich zu klären und zu wandeln.

Einige wesentliche Meditationsobjekte des Yoga

Die Reihenfolge beinhaltet keine Wertung:

- Der eigene Körper als lebendiger, pulsierender, wunder-voller Organismus (als Wunder des Lebens)
- Der Atem / das »Geatmet-Werden« / das Genährt-Werden über den Atem
- Das Herz / das Innere des Herzraums als innerster geschützter Ort
- Die Entfaltung von Liebe, Mitgefühl und Güte für alle Wesen als Qualitäten des Herzens

- Die Sammlung und Einpunktigkeit (Ekagrata) auf bestimmte Bereiche des Körpers (Mitte der Stirn / Nasenspitze / Raum zwischen den Augenbrauen usw.)
- Das Sich-Öffnen in die Erfahrung von Weite, Ausdehnung und Unbegrenztheit im inneren Raum
- Das Sich-Öffnen in die Unermesslichkeit und Formlosigkeit des Himmelsraums
- Die Erfahrung des äußeren und inneren Lichts
- Die Erfahrung der Lebensenergie (Prana), die im eigenen Körper und im allem, was ist, schwingt
- Die Erfahrung des äußeren und inneren Tons (Nada) als In-Beziehung-Treten mit dem uranfänglichen Klang
- Das Erkennen der Kraft in uns
- Die Erfahrung eines inneren Ortes, der von Leid unberührt bleibt und der nie verletzt oder zerstört werden kann
- Die Erfahrung der Kraft / der Schwingung des Göttlichen (auch eines persönlichen Gottesbildes = Ishvara) / des Absoluten / des Transzendenten
- Die Erfahrung des Aufgehobenseins / der Verschmelzung mit dem Göttlichen / dem Absoluten

Die Geistesverfassungen, die durch die Yogameditation gefördert werden sollen

- Vertrauen
- Tiefe Ruhe
- Tiefe Zufriedenheit
- Tiefer Frieden / Friedfertigkeit
- Mitgefühl, Güte, allumfassende und bedingungslose Liebe
- Hingabe an das, was ist / an das Leben / an das Wirken einer höheren Macht
- Die Erfahrung von Einklang und Übestimmung mit dem, was ist
- Die Erfahrung von Sinn und Ausrichtung für das eigene Sein
- Die Erfahrung des Einsseins
- Die Erfahrung der Teilhabe an allem, was lebt
- Die Erfahrung des Aufgehobenseins im Göttlichen

Yogameditation & Religion

Der Yoga hat sowohl Meditationen entwickelt, die sich auf das Göttliche ausrichten, als auch solche, die in dieser Hinsicht ganz neutral bleiben. Aus diesem Grunde öffnet sich die Yogameditation *allen* Menschen, egal, woran oder an wen sie glauben und ob sie überhaupt an etwas glauben. Sie ist so beschaffen, dass sie mit jeder Religion und jeder Konfession in Beziehung treten kann, denn ihre Inhalte weisen große Übereinstimmungen auf mit den grundlegenden Ideen und Konzepten der meisten großen Religionen. Viele Menschen berichten, dass sie erst durch eine regelmäßige Meditationspraxis überhaupt zum Glauben gefunden bzw. zurückgefunden hätten.

Der Grund für dieses Phänomen könnte sein, dass Menschen, die regelmäßig meditieren, mehr und mehr zu einer friedvollen Geistesverfassung finden. In einer solchen Verfassung sind sie offen, unvoreingenommen, versöhnlich und empfindsam. Sie können Frieden machen mit alten Feindbildern oder lange gehegten Widerständen und wünschen das auch zu tun, da sie merken, wie viel Energie sie diese Widerstände kosten und was ihnen durch das Ausblenden der Existenz einer höheren Macht in ihrem Leben fehlt. In der Meditation können wir zudem die Erfahrung des Einsseins machen. Das Gefühl, Teil eines großen Ganzen zu sein, schenkt unserem Leben Sinn und Ausrichtung.

Yogameditation verändert unser Gehirn

Die moderne Hirnforschung hat gezeigt, dass Meditation über förderliche Geisteszustände – wie Mitgefühl, Güte, Zufriedenheit und Friedfertigkeit – unser Gehirn und damit unseren Geist nachhaltig verändern kann. Wenn wir durch die Meditation den Samen dieser Qualitäten tief in uns senken und ihn dann hegen und pflegen, erschaffen wir in unserem Gehirn neue neuronale Netzwerke, die uns immer öfter, auch in stressigen Situationen, auf diese Qualitäten zurückgreifen lassen. Das hat Auswirkungen auf unseren gesamten Gehirnstoffwechsel mit seinen Hormonen und Botenstoffen. Durch diese strukturellen Veränderungen des Gehirns werden wir wirklich in die Lage versetzt, Einstellungen,

Ansichten und Haltungen zu wandeln und damit zu neuen Denk- und Fühlmustern und schließlich zu neuen, angemessenen und förderlichen Verhaltensweisen zu finden.

Das Gehirn reagiert immer darauf, was wir ihm anbieten: Bieten wir ihm Bilder an, die – wie Mitgefühl, Güte und Friedfertigkeit – in die Weite und die Offenheit führen, dann wird – eines Tages nach beharrlichem, aber unangestrengtem Üben – das Denken weit und offen, und dann sind wir natürlicherweise gütig, mitfühlend und friedfertig! Manchmal, wenn eine eigene Erfahrung mit Mitgefühl, Güte und Friedfertigkeit uns wirklich unter die Haut gegangen ist, nehmen wir aber auch von einem Tag zum anderen eine Weichenstellung vor, die diesen Werten fortan in unserem Leben einen größeren Stellenwert einräumt. Dann wurde unser Gehirn im wahrsten Sinne des Wortes von den damit verbundenen Gefühlen »ergriffen« und wir beginnen sofort, gemäß dieser neuen inneren Haltung zu denken, zu reden und zu planen.

Meditation hat nachgewiesenermaßen die Macht, unser Gehirn zu verändern! Da das Gehirn von der Evolution als unser »Beziehungsorgan« entwickelt wurde, wird uns eine regelmäßige Versenkung in heilsame Geisteszustände zu einer Verbesserung unserer Beziehungen zu uns selbst und der Welt führen. Es ist somit unsere stabile Meditationspraxis, die uns befähigt, über unser Gewordensein hinauszuwachsen und zu wahrem Verständnis zu finden.

Und ganz nebenbei bewirkt die Erfahrung des meditativen Zustandes, dass wir gelassener, gleichmütiger und damit stressresistenter werden. Das hat damit zu tun, dass wir in diesem Zustand die Empfindung für unsere Persönlichkeit – und damit für unser Ego – verlieren. Wenn sich der Zustand der Meditation einstellt, verlieren wir nämlich jedes Gefühl dafür, wer oder was wir sind. Die Konzepte, an denen wir uns sonst ausrichten, verblassen und die Worte verschwinden. Dadurch erscheint uns plötzlich vieles unwichtig und unwesentlich. Im Gleichmut wächst in uns die Klarheit, zu erkennen, ob wir wirklich auf etwas reagieren müssen, ob die Gedanken, Einstellungen, Meinungen, die wir pflegen, und die Handlungen, die wir planen, wirklich förderlich und hilfreich sind – oder nicht. Wenn nicht, wird uns der Gleichmut helfen, das als nicht hilfreich und nicht förderlich Erkannte loszulassen.

Die Hirnforschung sagt uns, dass wir nur im Geisteszustand großer Gelassenheit und innerer Gelöstheit den Mut aufbringen, alte eingeschliffene Denk- und Verhaltensmuster loszulassen, die Kontrolle aufzugeben und uns dem zu überlassen, was sich in uns entwickeln möchte.

Meditationsziele der verschiedenen Traditionen

Erlösung von Leid in der Bhagavadgita

Ein eindrucksvolles Beispiel für das Überwinden ungünstiger Denkmuster finden wir in der Bhagavadgita. In diesem herausragenden Yogatext belehrt Krishna den Prinzen Arjuna, der sich am Beginn einer Schlacht zwischen zwei Teilen seiner Familie in einer von ihm als ausweglos empfundenen Situation befindet. Arjuna ist ratlos, hilflos, verwirrt und in Zweifeln verfangen. Er weiß nicht mehr weiter und kann keinen klaren Gedanken mehr fassen, geschweige denn erkennen, was unter diesen Umständen richtiges Handeln ist. Krishna erklärt ihm, dass er nur mithilfe der Meditation erkennen wird, wie er richtig und angemessen – das heißt im Einklang mit einer höheren Ordnung – entscheiden und damit handeln kann.

Innere Ruhe und Distanz

Der Text der Bhagavadgita zeigt, wie Arjuna in seinem Geisteszustand für jede Belehrung, Erklärung, Ermahnung unzugänglich bleibt, da die Unruhe in seinem Hirn so groß ist, dass er weder hören kann, was ihm gesagt wird, noch was seine innere Stimme, seine Intuition ihm rät. Erst als er innere Ruhe und Gelassenheit wiederfindet, kann Arjuna den Abstand gewinnen, den er braucht, um seine Situation erkennen und verstehen zu können.

Erst aus dieser inneren Distanz heraus kann er sich von den Vorstellungen lösen, durch die er sich Leid erschafft. Und so kann er begreifen, wie sein Beitrag aussehen müsste, damit er und sein Umfeld wieder zu Frieden und innerer Ordnung zurückfinden.

Krishna erklärt Arjuna im 6. Kapitel:

17. Für den, der geordnet im Essen,
    in Erholung und Bewegung,
    geordnet im Schlafen und Wachen (lebt),
    wird Meditation zum Leidenstilger.
18. Wenn ganz bezähmt das Denken
    im Selbst ruht,
    wer frei ist von allen Begierden,
    der wird dann als (mit der Weltseele) vereinigt bezeichnet.
19. Wie eine am windstillen Ort befindliche Lampe
    nicht flackert – dieser Vergleich gilt
    vom Andächtigen, der mit gezügeltem Denken
    sich der Meditation über das Selbst hingibt.
23. Diese Loslösung vom Leidenskomplex,
    die als Yoga bezeichnet wird, muss man kennen.[3]

Der Text der Bhagavadgita benutzt die Begriffe Yoga und Meditation als Synonyme. Er verdeutlicht, dass die Meditation das Mittel und der Weg sind, um uns von den inneren Einstellungen lösen zu können, mit denen wir uns immer wieder Leid erschaffen. Das Bild, das hier gewählt wurde, besagt, dass unser Geist durch die mentale Umstimmung mittels der Meditation zunehmend einer Kerze gleicht, die still und gleichmäßig an einem windstillen Ort brennt – und zwar in jeder Situation.

Wahres Verstehen im Yoga-Sutra

Auch im Yoga-Sutra gilt die Meditation – dort zumeist Samyama = Versenkung genannt – als der einzig mögliche Weg, um wirklich etwas von der Welt, von sich selbst und vom Wesen des Göttlichen zu verstehen. Die »Objekte«, in die wir uns dafür versenken können, sind vielfältig. Sie sollen uns ansprechen und zu uns sprechen, sodass wir uns in sie versenken mögen, um sie von innen heraus zu erfahren und ihre tiefe und eigentliche Wesenhaftigkeit zu verstehen. »Das stille Meditieren über ein

---

3   Die Bhagavadgita. Übersetzt von Klaus Mylius, dtv 1997.

Thema, das anspricht, stabilisiert Fühlen und Denken«, schreibt Sriram[4] in seinem Kommentar zum Sutra 1.39 und ergänzt in seiner Auslegung des Sutra 1.40: »Wenn das Citta (das meinende Selbst) zur Stille gekommen ist, gelingt alles.« Und im Kommentar dazu: »Alle Aufgaben im Leben werden lösbar, von der subtilsten bis hin zur komplexesten.«[5]

Die Erfahrung der Stille ist nur einem Geist möglich, der erkannt hat, dass sich normalerweise zwischen dem in ihm, was sieht, und dem Gesehenen eine Art »Linse« befindet. Diese ist durch alles, was wir in unserem Lebens erfahren, gedacht und geglaubt haben, »geschliffen« und getrübt. Die Meditation ist der Übungsweg, um zuerst einmal überhaupt erkennen zu können, dass da eine »Linse« ist, also etwas in uns, das unsere Wahrnehmung färbt und verzerrt. Und dann dient die Meditation dazu, diese Linse zu reinigen, indem die Anhaftung an die Richtigkeit dessen, was wir durch sie zu erkennen meinen, gelöst wird.

Schließlich – wenn wir uns immer wieder ganz in etwas versenken und unser von allen Erfahrungen geprägter Geist ganz still ist – wird die »Linse« wenigstens zeitweise völlig verschwinden, sodass eine reine Wahrnehmung des Gesehenen möglich wird, sodass wahres Verstehen möglich wird. Wahres Verstehen meint, dass wir erkennen, dass – weil wir normalerweise immer durch diese von unserem Geist geformte »Linse« schauen – jede so gewonnene Erkenntnis zwangsläufig subjektiv und relativ sein muss. Dazu kommt noch das Faktum, dass unser Gehirn ja überhaupt nur das wahrnehmen kann, was es – wenigstens ansatzweise – schon (irgendwie) kennt und was es dadurch einordnen und bewerten kann. Was es nicht kennt oder nicht einzuordnen vermag, nimmt es nicht bewusst wahr: Es ist einfach nicht bemerkenswert!

Trotz solch eingeschränkter Wahrnehmung kämpfen wir immer wieder um die vermeintliche »Wahrheit« des von uns Wahrgenommenen und setzen sie als absolut. Nur wenn wir erleben, wie es sich anfühlt, in der Meditation etwas *an sich,* also wertfrei und absichtslos wahrzunehmen – weil die »Linse« verschwunden ist –, können wir den Unterschied zu unserer normalen, »bedingten« Wahrnehmungsweise erkennen.

---

4   R. Sriram: Patañjali – Das Yogasutra. Theseus Verlag 2006, S. 69.
5   Sriram, a. a. O., S. 70.

»Wenn einem Menschen der Unterschied zwischen seinem Geist und der ihm innewohnenden erkennenden Instanz vollkommen bewusst wird, so wird er jeden möglichen Geisteszustand verstehen. Er wird auch verstehen, wie es zu dem einen oder anderen Geisteszustand kommt. Dann wird der Geist zu einem vollkommenen Instrument für die Wahrnehmung«, heißt es im Yoga-Sutra 3.49. Und Patañjali verdeutlicht in 4.22: »Wenn unser Geist sich nicht mit dem verbindet, was vor ihm liegt, so nimmt er die Form der hinter ihm stehenden erkennenden Kraft in ihm an. Dann ist vollkommenes Verstehen möglich.«[6]

Sobald diese Verbindung nicht mehr gestört werden kann und somit stabil geworden ist, etabliert sich im Bewusstsein die Erfahrung von Samadhi = der Zustand des Verbundenseins, des Einsseins mit unserem innersten Wesenskerns, der im Yoga-Sutra Drashta oder Drashtri = der Seher genannt wird. In dieser Verbundenheit mit dem Seher, also der Kraft der reinen, stillen Wahrnehmung in uns, lösen wir uns von allem, woran unser Geist sonst anhaftet: von unserem Gewordensein als Ego, von unseren Erinnerungen, von unseren Wertungen und inneren Einstellungen. Durch diese tiefen und substanziellen Erkenntnisse und Erfahrungen des Schwächens und Lösens aller Anhaftungen (Kaivalya) werden wir uns ganz natürlich und nachhaltig verwandeln (Samadhi parinama) und ein entspanntes und authentisches Wesen entfalten.

Eine Yogapraxis gemäß Patañjali ist – das wird sicher deutlich – nicht ohne Meditation denkbar, denn sie ist das wesentliche Instrument auf diesem Übungsweg der Klärung, der Wandlung und der Selbstfindung.

Dazu gibt Patañjali im dritten Kapitel des Yoga-Sutras viele Anregungen, wenn er verschiedene Formen der Versenkung (Samyama) aufführt, die helfen, uns selbst und das Wesen der Welt von innen heraus zu erfahren. »Praktizieren wir samyama darauf, wie unser Geist wahrnimmt, so werden wir lernen, sehr subtile oder verborgene Phänomene zu verstehen, und auch solche, die weit über unsere bisherigen Grenzen hinausgegehen.« (Yoga-Sutra 3.25)[7]

---

6   T. K. V. Desikachar: Über Freiheit und Meditation. Das Yoga Sûtra des Patañjali. Eine Einführung. Verlag Via Nova 1997, S. 132.
7   Desikachar, a. a. O., S. 117.

Einssein und reines Gewahrsein im Hatha-Yoga

Der wesentlich später entstandene Hatha-Yoga bezieht sich in seiner Einschätzung des Stellenwerts der Meditation gänzlich auf die Sichtweise des Yoga-Sutra.

Die Ausrichtung und die Erfahrungen, die durch eine Meditationspraxis angestrebt werden, unterscheiden sich aber in gewissen Tendenzen vom Yoga-Sutra. In der Hatha-Yoga-Pradipika, einem der maßgeblichen Quellentexte des Hatha-Yoga, wird der meditative Zustand als ein Absorbiertwerden und Verschmelzen (Laya) dargestellt. In Samadhi (Einssein) werden alle Aktivitäten des Geistes in das ursprünglich reine und undifferenzierte Bewusstsein absorbiert. Diese Geistesverfassung wird auch als die Leere (Shunya) oder die Mitte (zwischen zwei Gedanken, Madhya) bezeichnet. In dieser Leere löst sich der individuell geprägte und geformte Geist (Manas) auf, und alles, was übrig bleibt, ist das reine Gewahrsein.

Wirklich anders im Hatha-Yoga ist sein Konzept von der Entstehung und dem Wesen der Welt. Im Zuge der Ausformung der tantrischen Weltsicht wurden alte Konzepte sowohl vereinnahmt als auch dem Gedankengut des Tantra angepasst – zum Beispiel die Tattva-Lehre des Samkhya und der Einheitsgedanke des Advaita-Vedanta.[8]

Die tantrische Weltsicht ist geprägt vom Shivaismus und Shaktismus, das heißt vom Glauben an die immer in sich ruhende Bewusstseinskraft des hinduistischen Hochgottes Shiva und die ihm zur Seite gestellte aktive, sich immer wandelnde Schöpfungskraft Shakti. Da im Schöpfungsmythos des Tantra Shiva (das reine Bewusstsein) männlich und Shakti (die Welt) weiblich ist, wird hier das Bild eines göttlichen Paares entworfen. Yoga dient dazu, diese beiden Aspekte – das reine Bewusstsein und die wandelnde Kraft des Lebens – zu vereinigen und miteinander verschmelzen zu lassen. Das schlussendliche Ziel, das alle tantrischen Meditationen anstreben, ist die Erkenntnis: »Ich bin Gott!« (Shivoham)

---

8   Hier ist nicht der Raum, um diese Gedanken weiter auszuführen. Wer mehr darüber erfahren möchte, dem sei der Yoga-Philosophie-Atlas von Eckard Wolz-Gottwald (Verlag Via Nova) empfohlen.

Die Meditationen sind oft so aufgebaut, dass sie dem Übenden tiefe Begegnungen mit der Bewusstseinsenergie und der sich ständig aus sich selbst aufs Neue gebärenden Kraft des unendlichen Lebens (Prana) in seinen unterschiedlichen Ausformungen ermöglichen – und das immer unmittelbar, vermittelt durch unseren eigenen Körper, unsere Empfindungen und die dem Körper verbundenen Gefühle.

Das wird gut verdeutlicht durch das Konzept der Meditation auf den inneren Klang (Nada Anusandhana), das im Hatha-Yoga als überaus wesentlich angesehen wird. Durch dieses Lauschen auf den inneren Klang falten sich die verschiedenen Ebenen der Schöpfung – also unseres Gewordenseins – wieder ein. Die Außenwelt verschwindet, das Ich verschwindet. Was übrig bleibt, sind das Bewusstsein der Schwingung des eigenen lebendigen Seins und die alles durchdringende Empfindung unendlicher Freude. Was also bleibt, ist die Gotteserfahrung im eigenen Sein und im eigenen Leib. Durch diese Erfahrung werden alle Begrenzungen unseres normalen Daseins durch Raum, Zeit und Form »überstiegen« (transzendiert) und der Meditierende wird eins mit der Kraft, die unendlich, ewig und formlos ist.

Dass die Meditation im Hatha-Yoga als äußerst wichtig angesehen wird, geht aus einer Schlüsselstelle der Hatha-Yoga-Pradipika hervor. Dort heißt es: »Wer nur den Hatha-Yoga übt, ohne den Raja-Yoga (Synonym für Samadhi) zu kennen, der plagt sich ohne Frucht.« (IV,79)[9] Und gleich am Beginn des Quellentextes bemerkt ihr Autor Svatmarama programmatisch, dass er seine Lehre ausschließlich im Hinblick auf den Raja-Yoga darlegt – also mit dem Ziel, Samadhi (Einssein) zu ermöglichen. (I,2)[10]

---

9   Glet, Beate/Trökes, Anna: Hatha-Yoga-Pradipika. Eine Abhandlung über den Hatha-Yoga. Übersetzt ins Deutsche auf der Grundlage der französischen Übersetzung von Tara Michael und der englischen Übersetzung von Swami Digambarji. Eigenverlag Berlin 2006, S. 52.

10   Glet/Trökes, a. a. O., S. 3

In dieser kurzen Einführung habe ich nur die wesentlichsten Gesichtspunkte zusammengestellt[11], die zeigen, dass Yoga ohne Meditation in keiner Weise denkbar ist – und dass die Meditation als das wichtigste Mittel angesehen wird, damit die Yogalehre umgesetzt und ins Leben gebracht werden kann. In den folgenden Kapiteln sprechen die einzelnen Meditationen für sich.

Wie dieses Buch als Einstieg in die Meditation genutzt werden kann

- Lies unbedingt die allgemeinen Wegweisungen in die Methodik und Didaktik der Meditation im zweiten und dritten Kapitel.
- Dann suche dir aus dem Angebot dieses Buchs eine Meditation, die dich anspricht, heraus – bzw. eine Gruppe zusammenhängender Meditationen (zum Beispiel die Herz-Meditationen in Kapitel 8).
- Lies die Meditationsanleitung einige Male und schreibe dir eventuell einige Schlüsselworte oder -sätze heraus.[12]
- Dann übe! Übe mindestens sechs Wochen lang dieselbe(n) Meditation(en).
- Erst dann suche dir eine neue Meditation – am besten eine, die du als eine Weiterführung des bisher Geübten empfindest.
- Sehr hilfreich ist es, ein Übungstagebuch zu führen. Du wirst dadurch deine Fortschritte besser einschätzen können, und beim Aufschreiben wird dir oft schon klar werden, welcher Art die Schwierigkeiten sind, die dich beim Üben behindern.

---

11 Leider konnten dabei nicht alle Sichtweisen (Darshanas) und Ausformungen der Yogaphilosophie (wie zum Beispiel der wichtige Bereich des Vedanta/der Upanishaden) berücksichtigt werden. Wer dazu weitere Informationen sucht, findet sie in dem Handbuch »Yogameditation« von Anna Trökes (Theseus Verlag).

12 Einige der Meditationen finden sich auch auf folgender CD: Anna Trökes: Meditation – der Weg des Yoga. Eine praktische Einführung. Herder Verlag 2009.

2

Was uns das Meditieren schwer macht – und was es leicht macht

»Wir können in unserem Geist fünf Aktivitäten unterscheiden.
Jede von ihnen kann uns Probleme bereiten
oder aber dazu beitragen, dass wir glücklicher werden.«
Yoga Sutra 1.5 [13]

Wie wir alle nur zu gut wissen, hat unser Geist eine starke Neigung, sich zu zerstreuen. Über seine »Heimstatt« in den vielen unterschiedlichen Arealen unseres Gehirns ist er ganz eng mit den äußeren wie den inneren Sinnen verschaltet, die ihn ununterbrochen mit Informationen aus der Außenwelt und aus dem Körper versorgen. Dabei geschieht es gewöhnlich, dass die Sinnesreize den Geist mit sich ziehen und ihn dadurch von dem Gefühl, dem Gedanken oder der Handlung ablenken, auf die er sich gerade ausgerichtet hatte.

Das können wir ganz besonders gut dann beobachten, wenn wir uns hinsetzen und versuchen, ruhig zu werden, um zu meditieren. Kaum haben wir unsere äußeren Aktivitäten eingestellt, geht es oben hinter der Stirn erst so richtig los! Tatsächlich sind diese ganzen mentalen Aktivi-

---

13   In der Übersetzung von Desikachar.

täten – diese Gedanken, Gefühle, Empfindungen, Sorgen und Assoziationen – im Wachzustand immer in uns in Bewegung, nur werden sie durch unsere Konzentration auf die alltäglichen Handlungen überdeckt. Es ist gerade die Stille, die bewirkt, dass wir sie erkennen können.

Vom Umgang mit Störungen in der Meditation

Sinnesreize und Gedanken loslassen

Jeder Sinnesreiz, der von außen oder von innen kommt, dringt nur dann in unser Bewusstsein bzw. in unsere Wahrnehmung, wenn er sich mit unseren Gefühlen und unserer Erinnerung verbindet. Wenn das nicht geschieht, »sagt er uns nichts«. Die Verbindung aus Gefühl und Erinnerung nennen wir im Yoga *Samskara*. Ein Samskara ist eine Spur, eine Prägung in unserem Geistfeld, die einen eigentlich neutralen Sinnesreiz in Sekundenbruchteilen in etwas verwandelt, das wir kennen – und das uns etwas angeht. Es ist also unser Geist, der im limbischen System und im Bewertungssystem unseres Stirnhirns dem Reiz Bedeutung gibt, ihn einordnet und bewertet. Durch dieses In-Beziehung-Treten unserer inneren Welt mit dem Sinnesreiz entsteht eine Bindung.

»Indem wir untersuchen, welche Rolle die Sinne in unserem Leben spielen, können wir Stabilität und Ausrichtung in unserem Geist erlangen«, heißt es im Yoga-Sutra 1.35 [14]. In seinem Kommentar heißt es ergänzend: »Die Sinne sind die Tore der Wahrnehmung, und ihre Bedeutung für den Geist hat weitreichende Folgen. Nicht selten sind wir ihrem Wirken recht hilflos ausgeliefert. Um das Spiel der Sinne besser zu verstehen und besser zu begreifen, welchen Einfluss sie auf unser Leben haben, kann es von Nutzen sein, ihre Tätigkeit zu erforschen.« [15]

Ganz ähnlich verhält es sich mit Gedanken. Wenn wir all das, was in unserem Geist als Gedanke auftaucht, ganz genau beobachten, dann werden wir feststellen, dass ein erstaunlich großer Anteil dieser Gedan-

---

14 Hier in der Übersetzung von T. K. V. Desikachar, a. a. O., S. 44.
15 Desikachar, a. a. O.

ken von außen zu kommen scheint! Ein Gedanke taucht auf. Er kommt von irgendwoher – meist haben wir keine Ahnung, woher. Er trägt in sich einen (häufig!) banalen, manchmal auch für uns bedeutungsvollen Inhalt. In der Regel bleibt jedoch im Dunkeln, was ihn angestoßen hat[16] und worauf er sich gründet. Eigentlich sind also auch unsere Gedanken etwas Neutrales. Erst dadurch, dass wir in unserem Gehirn eine Beziehung mit ihnen eingehen, bekommen sie eine Bedeutung für uns, und erst dadurch entsteht eine Bindung zu ihnen. Wir nennen sie dann »meine Gedanken« und beginnen, uns mit ihnen zu identifizieren.

Die Bindung erkennen

Das wirkliche »Problem«, das uns die innere Unruhe erschafft bzw. es uns so schwer macht, zu innerer Ruhe zu finden, sind also nicht die Sinneseindrücke oder die Gedanken an sich, die uns durch den Kopf gehen, sondern vielmehr unsere Bindung an sie.

Das ist eine wichtige Einsicht, denn diese Bindungen und Verhaftungen können, da sie erschaffen worden sind, auch wieder aufgelöst werden. Sobald wir begreifen, dass das, was uns stört, nur so lange eine Störung sein kann, wie wir uns davon stören lassen, haben wir die Bindung schon geschwächt. Aber diese neue Sichtweise muss über einen langen Zeitraum eingeübt werden, sonst werden wir immer wieder blitzschnell »vollautomatisch« auf unsere Sinnesreize und Gedanken »anspringen«.

Die Übungspraxis, die uns zur Meditation führen kann, besteht deshalb in der Entwicklung und Verfeinerung unserer Achtsamkeit und unserer Unterscheidungsfähigkeit (Viveka). Um achtsam sein zu können und unterscheiden zu können, ist es wichtig, dass wir wissen, worauf wir unsere Achtsamkeit richten sollen und was es zu unterscheiden gibt.

Schauen wir uns deshalb einmal an, was Patañjalis Yoga-Sutra an Faktoren aufführt, die uns daran hindern, uns einfach hinzusetzen, die Augen zu schließen und in die Meditation zu versinken.

---

16   Wer mehr darüber wissen will, findet viele interessante Informationen in dem Buch von Ap Dijksterhuis: Das kluge Unbewusste – Denken mit Gefühl und Intuition. Klett-Cotta, Stuttgart 2010.

Die Aktivitäten des Geistes (Vrittis)

Da Patañjali den Zustand des Yoga – und damit der Meditation – als die vollkommene Beruhigung, ja sogar Abschaltung der Aktivitäten des Geistes (Vrittis) beschreibt, wird klar, dass es bereits diese Aktivitäten an sich sind, die mit Achtsamkeit erkannt werden sollen. Ruhen sie, dann »scheint in uns die Fähigkeit auf, etwas vollständig und richtig zu erkennen« (Yoga-Sutra 1.3)[17], und zwar vor allem uns selbst in unserem innersten Wesenskern. Sind sie – wie normalerweise – in Gang, dann »wird die Fähigkeit, etwas wirklich zu verstehen, einfach ersetzt durch Konzepte, die sich unser Geist von einem Objekt macht, oder durch das Fehlen jeglichen Verständnisses« (Yoga-Sutra 1.4).[18] Wenn wir nun unsere Vrittis betrachten, geht es vor allem darum, uns bewusst zu machen, wie sie zum Problem werden können. Die fünf Vrittis sind: die richtige Wahrnehmung, die falsche Wahrnehmung, die Vorstellung (bzw. das Denken in Konzepten), der tiefe, traumlose Schlaf und die Erinnerung.

Erstes Vritti: Richtige Wahrnehmung (Pramana)

Sie tritt immer dann ein, wenn unser Geist stabil, ruhig und friedvoll ist. Da aber auch in einer solchen Geistesverfassung die Samskaras (Seite 30) aktiv sind und somit unser Gehirn sich weiterhin in Beziehung setzt zu dem, was wahrgenommen wird, wird auch dieser Zustand nicht als das Ideal angesehen. Wir können dann zwar etwas klarer erkennen und sind unseren vorgefassten Meinungen und Ansichten nicht ganz so verhaftet, aber wir sind nicht frei von ihnen.

Richtiges Wahrnehmen »kommt der wahren Natur des zu erkennenden Gegenstandes näher« (Yoga-Sutra 1.7)[19], deshalb ist diese Art der Wahrnehmung für den Alltag ein durchaus wünschenswerter Zustand. In der Meditation jedoch werden wir erkennen, dass richtige Wahrnehmung eben auch nichts anderes als eine illusionäre Wahrnehmung ist, die auf unserer Bindung an die äußere und innere Welt beruht.

---

17 Desikachar, a. a. O., S. 23.
18 Desikachar, a. a. O.
19 Desikachar, a. a. O., S. 27.

Zweites Vritti: Falsche Wahrnehmung (Viparyaya)

Die »falsche Wahrnehmung« ist unsere vorherrschende Bewusstseinsform. Sie gründet sich auf dem machtvollen, aber unbewussten Wirken unserer Samskaras und vermittelt uns ein Bild und ein Verständnis von der Welt und von uns selbst, das unserer aktuellen Geistes- und Gemütsverfassung entspricht. Diese wiederum speisen sich unablässig aus unseren inneren Haltungen und Ansichten. »Das Ziel der Yogapraxis ist es, die Ursachen der falschen Wahrnehmung zu erkennen und uns von ihnen zu lösen.« (Yoga-Sutra 1.8)[20]

Drittes Vritti: Vorstellung – das Denken in Konzepten (Vikalpa)

Aus unseren inneren Haltungen, Meinungen und Ansichten erschaffen wir uns im Laufe des Lebens eine Vielfalt von Konzepten, die uns helfen, uns in Überstimmung mit den gesellschaftlichen Normen und Sichtweisen zu bringen, und die uns ein (mehr oder weniger) reibungsloses Leben in der Kultur ermöglichen, in die wir hineingeboren worden sind. Konzepte basieren auf gemeinsamen Annahmen (zum Beispiel der Bedeutungsgehalt von Worten), wie etwas ist oder zu sein hat (zum Beispiel eine Frau/ein Mann).

Sie sind ungemein nützlich, mit ihrem »Schubladencharakter« jedoch auch extrem einengend für unsere Wahrnehmung. In der Gesellschaft können wir nicht ohne Konzepte leben. In der Meditation jedoch geht es darum, uns aller unserer Konzepte – auch unserer Konzepte darüber, was Meditation ist – zu entledigen und in die direkte, unmittelbare und unverfälschte Erfahrung dessen, was ist, einzutreten.

Viertes Vritti: Tiefer, traumloser Schlaf (Nidra)

Sicher werden wir, wenn wir in die Meditation gehen, nicht in einen tiefen, traumlosen Schlaf sinken, aber es geschieht sehr oft, dass wir in der Ruhe allmählich dumpf und schläfrig werden. Dieser Zustand ist dann die Abwesenheit der Klarheit und Wachheit, in der uns ein un-

---

20 Desikachar, a. a. O., S. 26

mittelbares Verständnis eines (Meditations-)Gegenstandes oder unserer selbst möglich ist. Es gilt also für uns, unterscheiden zu lernen, wie sich eine tiefe Ruhe anfühlt und wie der Zustand des »Abgeschaltetseins«, der dem Schlaf vorausgeht.

Fünftes Vritti: Erinnerung (Smriti)

Erinnerung ist die Aktivität des Geistes, aus der sich alle unsere Prägungen und inneren Haltungen fortwährend nähren. Da wir nur das wahrnehmen können, was wir »irgendwie« schon kennen, müssen wir zwangsläufig immer auf die Eindrücke zurückgreifen, die bewusste Erfahrungen in uns hinterlassen haben und die wir in der Tiefe des limbischen Systems als Erinnerungen gespeichert haben. Äußerst treffend bemerkt Desikachar in seinem Kommentar zum Sutra 1.11: »Allerdings kann oft nur schwer unterschieden werden, ob eine Erinnerung dem Erlebten wirklich entspricht oder ob sie falsch, unvollständig oder womöglich reine Einbildung ist.«[21]

Erinnerungen beeinflussen sehr stark unser Bewertungssystem im Stirnhirn, indem sie seine Entscheidungsfindung blitzschnell in Richtung angenehm/unangenehm lenken und – falls wir es nicht bewusst hinterfragen – auf diese Bewertung festlegen.

Auch kann zum Beispiel eine Erinnerung an eine »gelungene« Meditation unser Erleben von dem, was da ist, auf lange Zeit blockieren, genauso wie die Erinnerung an unangenehme Gefühle (»die inneren Dämonen«), die einst aus der Stille aufgetaucht sind.

Im Alltag wären wir ohne den riesigen Fundus des Erinnerten natürlich vollkommen aufgeschmissen; dort brauchen wir unsere Erinnerungen, dort gehören sie hin, damit wir schnell und automatisch reagieren können. Um in die Meditation zu kommen, brauchen wir dagegen einen möglichst frischen und unbeschriebenen Geist. Wir können nicht verhindern, dass unser Gehirn Erinnerungen »produziert« und ins Bewusstsein steigen lässt. Aber wir können lernen, nicht auf dieses Angebot einzugehen, sondern vielmehr die damit verbundenen Gedanken, Gefühle und Impulse auf sich beruhen zu lassen.

---

21 Desikachar, a. a. O., S. 28

Was den Geist in Probleme verwickelt: die Hindernisse (Antarayas)

Es sind nicht nur unsere normalen mentalen Aktivitäten, die Vrittis, die bewirken, dass der Geist zu unruhig ist, um Meditation entstehen zu lassen. Er verwickelt sich auch immer wieder in Probleme, und zwar durch all die alltäglichen Hindernisse (Antarayas) wie Krankheit, Selbstzweifel, Unentschiedenheit, Hast, Erschöpfung, Mangel an Beständigkeit – um nur einige zu nennen, die er als Problem definiert.

Jede dieser inneren Befindlichkeiten und Einstellungen erschafft Emotionen, die unseren Geist beschäftigen und dadurch so viel innere Unruhe erzeugen, dass deshalb die Vrittis (die Aktivitäten des Geistes) nicht einfach abzuschalten sind. Das geht deshalb nicht, weil unser Gehirn das nicht erlauben kann – es sei denn, wir haben es durch eine spezielle Übungspraxis völlig anders konditioniert. Solange das, was es beunruhigt, nicht gelöst ist, kann es nicht abschalten – das ist einfach Teil seines Überlebensprogramms, denn unser Gehirn wurde von der Evolution vor allem darauf programmiert, Probleme zu erkennen und sie zu lösen. Das ist auch der Grund, weshalb unser Geist sich immer wieder Probleme erschafft, indem er diese in das, was ihm im Leben begegnet, hineinprojiziert. Und deswegen – eben weil er ja von Natur aus als »Problemlösungsorgan« konzipiert wurde – fällt es ihm so schwer, diese Probleme wieder loszulassen.

Patañjali schildert im Yoga-Sutra 1.31[22], wie unser Körper auf diesen Zustand der Unklarheit reagiert, und beschreibt ihn als »ein Gefühl innerer Enge, ein Gefühl von tiefer Niedergeschlagenheit, eine Störung des harmonischen Gleichgewichts körperlicher Funktionen oder die Unmöglichkeit, den Atem ruhig zu führen«.

Desikachar ergänzt in seinem Kommentar zu diesem Sutra: »Oftmals ist es zunächst nur ein Gefühl […], welches uns bemerken lässt, dass irgendetwas nicht stimmt […] Auch wenn es oft schwerfällt, zu erkennen, welcher Art das Hindernis ist, das einem Zustand von Bedrücktheit oder Verwirrung zugrunde liegt, ist es wichtig, dass wir diese Symptome

---

22 In der Übersetzung von Desikachar.

ernst nehmen.«[23] Wenn wir nämlich den Hindernissen – etwa Selbstzweifeln – erlauben, in uns Wurzeln zu schlagen, werden sie uns immer wieder hemmen und unserer inneren Entwicklung im Wege stehen. Und wir werden merken, dass die Beunruhigungen und Unklarheiten unseres Geistes den wachen, lichtvollen und friedlichen Zustand der Meditation unmöglich machen.

Deswegen scheint mir Patañjalis erste Wegweisung zum Umgang mit unseren Hindernissen äußerst hilfreich, in der er bemerkt: »Hindernisse können dann keine Wurzeln schlagen, wenn ein Mensch einen geeigneten Weg gefunden hat, Stabilität in seinem Geist zu entwickeln, und wenn er an diesem Weg festhält und sich bemüht, ihn zu gehen.« (Yoga-Sutra 1.32)[24] Welcher Weg das sein könnte, ist nicht festgelegt. Patañjali macht aber in den folgenden Sutras verschiedene Angebote, aus denen sich jede und jeder das aussuchen kann, was in der aktuellen Situation förderlich ist.

Die Entwicklung eines friedvollen und stabilen Geisteszustands (Citta prasadana)

Je länger und intensiver ich mich mit dem Yoga-Sutra beschäftige, desto wichtiger scheint mir das Konzept des Citta prasadana. Von der Entwicklung und Etablierung dieses inneren Zustands scheint es mir maßgeblich abzuhängen, ob die vielfältigen Methoden und Konzepte des Yoga in uns wirksam werden können. Mit einem friedvollen und ruhigen Geist können wir achtsam und wach durch unser Leben gehen und all den verschiedenen Gedanken, Gefühlen, Erinnerungen, Meinungen, Prägungen, Verwirrungen usw. begegnen – und sie immer wieder auf sich beruhen lassen. Der Citta prasadana erlaubt uns, alles das, was uns begegnet, mit Gelassenheit und Gleichmut zu betrachten und bewusst und achtsam mit unseren Reaktionen umzugehen.

Wie können wir nun aber solch einen wünschenswerten förderlichen Geisteszustand etablieren? Patañjali zeigt uns dazu Methoden auf.

---

23 Desikachar, a. a. O., S. 41.
24 In der Übersetzung von Desikachar.

Die vier heilsamen Qualitäten

Unser Gehirn ist so beschaffen, dass es sich in seiner Funktionsweise an das anpasst, worauf wir unsere Wahrnehmung und unseren Fokus lenken. Das wurde sehr eindrucksvoll belegt am Beispiel einer Reihe tibetischer Mönche, die über viele Jahre hinweg ihre Wahrnehmung auf Empathie und Mitgefühl ausgerichtet hatten. Diese Menschen zeigten deutliche Veränderungen in der Funktion ihres Stirnhirns, also dem Teil des Cortex, der sich mit Bewertung und Einschätzung all dessen beschäftigt, was uns im Leben an Menschen und Situationen begegnet und damit maßgeblich an unserer inneren Orientierung beteiligt ist. Aus diesen – von den Mönchen bewusst gewählten, in der Regel jedoch völlig unbewussten – Bewertungen und Einschätzungen erschaffen wir uns unsere inneren Einstellungen und Haltungen. Die Ausrichtung der Mönche auf Mitgefühl machte sie zu mitfühlenden Menschen, und zwar – und das ist wesentlich – unter allen Bedingungen und bezogen auf jeden Menschen! Das heißt, ihr jahrelanges Einüben einer bestimmten inneren Ausrichtung veränderte ihre Gehirne, ihre Sichtweisen und machte sie so zu anderen Menschen.

Weitere Forschungen wie die des Neurobiologen Daniel Amen[25] konnten zeigen, dass unsere innere Ausrichtung – also die Entscheidung, wie wir einen Menschen oder eine Situation einordnen und betrachten – die Produktion bestimmter Botenstoffe und Neurotransmitter im Gehirn signifikant beeinflusst. Bestimmte Gedanken erzeugen bestimmte Gefühle: Heilsame Gedanken erzeugen heilsame Gefühle und unheilvolle Gedanken entsprechend unheilvolle Gefühle!

Durch die bewusste Ausrichtung auf heilsame Gedanken und Gefühle erschaffen wir uns also im wachsenden Maße die emotionale, soziale und schlussendlich auch spirituelle Kompetenz, die für ein friedvolles Miteinander von Menschen so günstig und förderlich ist.

Damit wird zunehmend bewiesen, wie sehr es sich für uns lohnt, heilsames Denken einzuüben. Es muss genau wie alles andere erlernt wer-

---

25 Siehe dazu sein Buch: Amen, Daniel G.: Das glückliche Gehirn. Mosaik bei Goldmann 2010.

den, indem wir uns immer wieder – ständig – erinnern, in diese Richtung denken zu wollen und unsere Wahrnehmung konsequent auf Heilsames auszurichten.

Patañjali schlägt uns im Yoga-Sutra 1.33 die Einübung von vier heilsamen Qualitäten – Brahmaviryas genannt – vor, und zwar:

- *Maitri* – Güte, eine liebevolle und freundliche Einstellung zu allen Wesen
- *Karuna* – Mitgefühl, Empathie, Einfühlungsvermögen
- *Mudita* – Heiterkeit, sich an sich selbst und anderen erfreuen können
- *Upeksha* – Geduld, Gleichmut, Fehlerfreundlichkeit mit sich selbst und anderen.

Bereits jede Beschäftigung mit diesen Qualitäten beruhigt unseren Geist, denn sie berühren unsere innerste Sehnsucht, selbst von unseren Mitmenschen mit Güte, Mitgefühl, Mitfreude, Geduld und Fehlerfreundlichkeit behandelt zu werden. Indem wir diese Qualitäten einüben, tun wir uns selbst etwas Gutes, ja vielleicht tun wir es sogar vor allem für unser eigenes gutes Gefühl! Wir erfahren so, wie viel wir selbst dazu beitragen können, ein gutes Gefühl in uns zu erzeugen und damit ganz aktiv zu unserem Wohlergehen beizutragen. Dadurch wird unser Geist einen großen Teil seiner ständigen Anspannung und Reizbarkeit aufgeben können, und die Hindernisse werden sich vielfach – wie es so schön heißt – »in Wohlgefallen auflösen«.

Die leidvollen Spannungen (Kleshas)

Dasselbe gilt auch für das Wirken der »leidvollen Spannungen« des Geistes, der Kleshas:

- *Raga* – Begierden
- *Dvesha* – Abneigungen
- *Abhinivesha* – Angst
- *Asmita* – Ego
- *Avidya* – Verwechslung des Vergänglichen mit dem Ewigen.

Während die Hindernisse (Vrittis) alltäglich und zumeist eher harmlos daherkommen, können uns die Kleshas oft mit großer Wucht bedrängen. Das verletzliche Konstrukt unseres Egos, unsere Ängste, all die

Begierden und Abneigungen sind einfach *der* Stoff, aus dem sich die innere Unruhe unaufhörlich aufs Neue erschaffen kann! Das gilt ganz besonders für die unselige Verknüpfung von Asmita (dem Ich-Konzept) und Abhinivesha (der Angst).

»Die leidvolle Spannung abhinivesha ist so dominierend im Leben des Menschen, dass sie alles andere in den Schatten stellt. Sie ist ein hartnäckiges Festhalten am Trieb der Selbsterhaltung ... Man kann nicht mal einen einzigen Augenblick lang am Verlust der eigenen Wichtigkeit Gefallen finden, ganz gleichgültig, was die anderen über einen denken mögen. Jede Bedrohung unseres Gefühls der eigenen Wichtigkeit scheint so vernichtend zu sein wie der Tod«, bemerkt Deshpande zu Recht in seinem Kommentar zum Yoga-Sutra.[26]

Und tatsächlich kann uns kaum etwas innerlich mehr beunruhigen als eine kränkende oder verletzende Bemerkung, die wir sofort als einen Mangel an Respekt oder der Nicht-Würdigung dessen aufzufassen neigen, was wir sind und was wir leisten.

Um all das erkennen zu können, bedarf es der yogischen Bewusstseins- und Erkenntnisqualität der unterscheidenden und differenzierenden Wahrnehmung (Viveka, Yoga-Sutra 2.26). Sie erlaubt uns, zu erkennen, was für uns ungünstig (Klishta) ist, weil es uns leidvolle Erfahrungen (Duhkha) vermittelt, und was für uns günstig (Aklishta) ist, weil es uns hilft, die stete Wiederholung leidvoller Erfahrungen zu vermeiden.

Patañjali bemerkt äußerst treffend, dass es unmöglich ist, die psychische Energie der Kleshas jemals ganz zum Verschwinden zu bringen, denn jedes dieser Kleshas ist ein Teil unserer evolutionären Ausstattung und für unser Überleben und unser Leben in der Gesellschaft außerordentlich nützlich und vorteilhaft. In unserem Leben in der Gesellschaft benötigen wir nun einmal einen inneren Antrieb, der unsere Zuneigungen und Abneigungen bestimmt. Wir könnten ohne unser Ego in der Gesellschaft nicht überleben, und oft ist es sehr gut, dass wir vor etwas Angst haben, denn das schützt uns und lässt uns vorsichtig und achtsam sein. Auch würden wir unseren Alltag nicht bewältigen können, wenn

---

26 Patañjali/P. Y. Deshpande (Hrsg.)/Bettina Bäumer (Übers.): Die Wurzeln des Yoga. Die klassischen Lehrsprüche des Patañjali. O. W. Barth 2010, S. 96.

wir ständig alles hinterfragen müssten, ob es wirklich wesentlich und wichtig ist, denn dann wären wir wahrscheinlich ganz schnell handlungsunfähig.

Was wir aber lernen können, ist, die Kleshas in ihrem Wirken auf unseren Geist – und damit auf unser gesamtes Dasein – zu verstehen und sie dadurch zunehmend unter unsere Kontrolle zu bringen. Damit sie uns nicht kontrollieren!

Die innere Instanz des Sehers

Das Yoga-Sutra beschreibt genau, wie wir diese Kontrolle schrittweise erlangen können. Der erste Rat ist, immer dann, wenn wir merken, dass sich eine leidvolle Spannung in uns aufzubauen scheint, erst einmal innezuhalten und nachzudenken, was uns da gerade umtreibt und worauf wir gerade (wieder) innerlich zusteuern (Yoga-Sutra 2.11). Allein dieses Nachdenken wird uns bereits helfen, die unmittelbare Identifikation mit dieser inneren Anspannung etwas zu lösen und Abstand zu gewinnen (Yoga-Sutra 2.17 ff.).

Dann geht es darum, immer genauer zu erfahren, dass es etwas in uns gibt, das das Wirken eines Kleshas zu beobachten vermag, ohne in die damit einhergehenden Emotionen eingebunden zu werden.

Diese innere Instanz ist das, was bei Patañjali »der Seher« genannt wird. Er sieht: Ich bin nicht mein Begehren oder meine Abneigung! Ich bin nicht meine Eitelkeit, mein Stolz! All das, was sich da in den Vordergrund schiebt und meinen Geist umtreibt und beunruhigt, ist allenfalls *eine* Facette meines Seins, und zwar eine, die gerade jetzt aktiv ist und die in kurzer Zeit schon wieder verschwinden kann.

Wenn wir das erst einmal erkannt haben, wird der Geist beginnen, sich zu beruhigen, denn er lernt dadurch, dass er solche Situationen – also solche Gefühlswallungen und die aus dem Inneren aufsteigenden Spannungsgefühle – durch ruhiges Betrachten beherrschen kann.

Wenn wir zu lernen beginnen, unseren Geist »zu erziehen« und ihn damit günstig zu beeinflussen, dann wird Meditieren allmählich immer selbstverständlicher und natürlicher. Wir werden dann nämlich immer öfter aus einem friedvollen, ruhigen und entspannten Geisteszustand in einen meditativen Zustand hinübergleiten. Und vielleicht wird dann sogar die wache Ruhe der Meditation zu unserer inneren Grundverfassung – und damit zu unserem natürlichen Zustand – werden.

Wesentlich ist und bleibt aber das Einüben. Patañjali – hier wieder in der wundervoll verständlichen Übertragung von Desikachar – bringt es in den Sutras 1.12 und 13 auf den Punkt:

»Durch Üben (Abhyasa) und durch die Fähigkeit loszulassen (Vairagya) kann unser Geist den Zustand von Yoga erreichen. Üben bedeutet, dass wir eine passende Anstrengung auf uns nehmen, mit dem Ziel, uns dem Zustand des Yoga anzunähern, ihn zu erreichen und aufrechtzuerhalten.«[27]

Günstige Bedingungen erleichtern das Üben

Damit das Einüben gelingen kann, können wir uns günstige Bedingungen schaffen. Eine erste – neurodidaktisch anmutende – Überlegung finden wir im Sutra 1.14. Dort heißt es: »Eine Übungspraxis wird nur dann Erfolge zeigen, wenn wir sie über einen langen Zeitraum ohne Unterbrechung beibehalten, wenn sie von Vertrauen in den Weg und von einem Interesse, das aus unserem Inneren erwächst, getragen wird.«[28]

Einige Überlegungen zum gehirngerechten Lernen[29]

Übertragen auf das Einüben der Fähigkeit, den Geist so weit zu stabilisieren und zu entspannen, dass Meditation entstehen kann, heißt das:
▸ *Neuronale Netze müssen durch häufigen Gebrauch (Üben, Wiederholen) stabilisiert werden,* denn das Gelernte wird erst nach vielen Wiederholungen im Langzeitgedächtnis dauerhaft verfügbar gehalten. Sobald wir merken, dass uns das Gelernte in möglichst allen Lebenssituationen abrufbar geworden ist, entsteht daraus Sicherheit und Erfolgsgewissheit.

---

27 Desikachar, a. a. O., S. 29 f.
28 Desikachar, a. a. O., S. 31.
29 Nach: Herrmann, Ulrich (Hrsg.): Neurodiaktik. Grundlagen und Vorschläge für gehirngerechtes Lehren und Lernen. Beltz Verlag 2009, S. 10 f.

Lernen ist immer ein sehr langsamer Prozess; wenn wir bereit sind, uns darauf einzulassen, ist es aber auch immer ein sehr erfolgreicher Prozess! Wie lange jemand braucht, um den Zustand des Citta prasadana (Seite 36) in sich zu etablieren, hängt von seinen Voraussetzungen ab, denn »jedes Gehirn hat als Organ seine individuelle erfahrungsgeschichtliche Prägung«. Je nachdem, wie viel Anspannung und Irritation ein Gehirn gewohnt war, aufzubauen, wird es entsprechend kürzer oder länger dazu brauchen. Lernen lässt sich deshalb nicht beschleunigen oder gar erzwingen.

❧ *Losgelöstheit und Vertrauen sind wesentlich dafür, dass wir überhaupt etwas einüben können.* Das bedeutet in unserem Kontext, dass wir Folgendes akzeptieren sollten: Unsere Versuche, einen ruhigen Geist zu entfalten und zu meditieren, können im Verlauf des langen Lernprozesses von Augenblick zu Augenblick unterschiedlich erfolgreich sein. Losgelöstheit bedeutet konkret, auch dann gelassen zu bleiben, wenn der Geist sich wieder und wieder wie ein unruhiges, bockendes Pferd aufführt. Genau wie dem Pferd können wir auch ihm nur mit Geduld, Ruhe und innerer Ausrichtung helfen, sich zu beruhigen und Spannung abzubauen. Vertrauen bedeutet in diesem Kontext, dass wir uns zum einen klarmachen, wie viele Menschen schon meditieren gelernt haben, und zum anderen, dass sich die Methoden des Yoga dabei offensichtlich schon seit Jahrtausenden bewährt haben. Als sehr gehirngerecht erwies sich meiner Erfahrung nach das Motto: »Ich bin ein Meister, der übt!«

❧ *Entspannung während des Lernens ist eine unabdingbare Grundvoraussetzung dafür, dass das Gehirn Informationen und Erfahrungen abspeichern* und sie mit seinen Bedeutungszusammenhängen verknüpfen kann. Details und Lernschritte, die wir nicht in einen solchen Bedeutungskontext einordnen, erscheinen dem Gehirn im wahrsten Sinne des Wortes als »bedeutungslos« und werden rasch wieder vergessen.

❧ *In der Meditation erleben wir Zustände von wacher Ruhe, Gelassenheit, innerem Frieden, Weite … Wenn wir bewusst reflektieren, welche Bedeutung diese meditativen Erfahrungen für uns haben, stärkt das unser Interesse daran, diese Zustände zu wiederholen und zu etablieren – und damit unsere Motivation.* Und wenn wir richtig motiviert sind, etwas zu erlernen, wenn wir »heiß darauf sind«, wenn wir »darauf brennen« und uns darauf freuen, dann wird in unserem Gehirn der Lernprozess selber mit der Erfahrung von Freude verknüpft. Freude ist ein intensives Gefühl. Es bewirkt eine stetig wachsende innere aktive Beteiligung an unserer Einübung meditativer Zustände, wodurch wiederum unser Interesse und Engagement gestärkt werden, was zu besseren und nachhaltigeren Lernergebnissen führt.

❧ *Bestärkung, Ermunterung und Lob können diesen Prozess machtvoll verstärken,* denn das Gehirn ist nicht in der Lage, zwischen Information und Bedeutung zu unterscheiden. Wenn ich mir sage: »Ich freue mich darauf, meinen Geist zu entspannen und zu meditieren!«, dann wertet mein Gehirn diese Aussage zunächst nicht als eine Vorstellung, sondern als ein Faktum. Und tatsächlich werde ich mich dann freuen, mich entspannen und meditieren zu können.

Achtung:

❧ *Überforderung (Leistungsstress) und Unterforderung (Langeweile), Zeitdruck, Erwartungsdruck, Entmutigung und Ungeduld behindern und blockieren dagegen den Geist.* Sie erzeugen sofort Widerstand und damit wieder Unruhe, also den Zustand, in dem der Geist unfähig ist, etwas aufzunehmen und zu erlernen. Und noch wichtiger: All das erzeugt unangenehme Gefühle, die bewirken, dass unser Interesse und unsere Motivation verschwinden werden und wir im schlimmsten Fall sogar Versagensängste entwickeln, die bewirken können, dass wir bald jeden Versuch vermeiden werden, einen friedvollen Geist zu entwickeln und die Meditation zu entdecken. Wahrscheinlich sagen wir uns dann: »Meditation ist nichts für mich!« Oder: »Ich bin einfach nicht geeignet für die Meditation!«

Tatsächlich hätten wir uns mit diesen Denkmustern nur nicht gehirngerecht verhalten! Und dass lässt sich verändern!

3

Einfach meditieren lernen –
Schritt für Schritt

»Ein Gegenstand oder eine Frage
wird Schritt für Schritt verstanden.
Zunächst ist das Verstehen eher oberflächlich.
Es entwickelt sich mit der Zeit zu einem tieferen Verständnis,
und schließlich ist es vollkommen und allumfassend.«
Yoga-Sutra 1.17[30]

Da die Philosophie des Yoga und die Methoden der Körper- und Atemübungen, der Sammlung, der Kontemplation und der Meditation seit Jahrtausenden in direkten Lehrer-Schüler-Beziehungen unterrichtet wurden, ist für ihre Vermittlung eine vielfältige Methodik und Didaktik entwickelt worden, die im Laufe der Zeit immer weiter erprobt und verfeinert wurde.

Die sieben Arbeits- und Lernbereiche, die uns im Folgenden helfen sollen, meditieren zu lernen, stammen aus einer der ältesten Traditionslinien des Yoga, der Meister des Himalaya.

Sie sind mir von Michael Kissener übermittelt worden, dem Leiter des Yoga-Zentrums Innsbruck und langjährigen Schüler von Swami Veda Bharati. Die Methode ist von Yogaübenden und TeilnehmerInnen der

---

30   In der Übertragung von Desikachar.

Yogalehrausbildungen des Yoga-Zentrums über Jahre hinweg erprobt worden. Sie hat sich als sehr hilfreich erwiesen, günstige Bedingungen fürs Meditieren zu erschaffen. Die Anzahl der Lernbereiche wurde von Michael Kissener auf der Grundlage seiner eigenen Meditationspraxis und seiner Erfahrungen im Lehren als wirklich wesentlich erkannt.

Die Grundprinzipien – dargestellt in sieben Arbeits- und Lernbereichen

Ziel ist es, dem Geist einen möglichst entspannten und gleichzeitig wachen Zustand zu ermöglichen. Ohne Entspannung geht beim Meditieren gar nichts, aber sie darf auf keinen Fall mit Trägheit oder Schläfrigkeit verwechselt werden – was in der Praxis jedoch oft geschieht. Die Einübung des entspannten und doch wachen Zustands geschieht Schritt für Schritt und führt über Asana (Körperübungen) und eine günstige Atemführung in die Bändigung unseres unruhigen und zerstreuten Geistes. Die hier vorgestellten sieben Lernschritte sind für sich noch keine spirituelle Praxis, sondern vielmehr die dazu notwendige Schulung des Geistes.

Wenn eines Tages dann die Meditation unter den günstigen Bedingungen, die wir auf unserer Yogamatte vorfinden, möglich wird, dann können wir beginnen, einzuüben, diesen Geisteszustand auch in unserem Alltag zu etablieren. Erst wenn die Ruhe und Stabilität des Geistes sich dort bewähren, wird die Meditation ein fester Bestandteil unseres Lebens werden und uns unter allen Bedingungen die Sammlung, den Rückzug und die Regeneration erlauben, die wir uns von ihr ersehnen.

Erster Lernschritt: Systematisches Entspannen auf immer feineren Ebenen

Das erste Lern- und Arbeitsfeld ist seinerseits in eine Reihe kleinerer Übungsschritte aufgeteilt. Alle Übungen dieses Lernschritts bauen aufeinander auf und sollten direkt nacheinander gemacht werden, was etwa 30 Minuten in Anspruch nimmt. Wiederhole sie, bis du merkst, dass du einen Zugang zur Erfahrung der Entspannung findest. Die Zeitspanne dafür wird unterschiedlich sein, je nach persönlichen Voraussetzungen und Lebensumständen.

Das Einüben der Entspannung sollte am besten in der Körperhaltung beginnen, in der sie den meisten von uns am leichtesten fällt, und zwar in der Rückenlage (bei Bedarf auch in der Bauch- oder Seitlage). Die Rückenlage ist die wichtigste Entspannungshaltung des Yoga, was sich deutlich in den für sie gängigen Bezeichnungen Shavasana (Totenhaltung) oder Shanti Asana (friedvolle Haltung) ausdrückt.

1. Die Entspannung des Körpers

In dieser Übung geht es darum, nacheinander verschiedene Räume des Körpers zu entspannen, das heißt, alle überflüssige Anspannung so weit wie möglich loszulassen und dann – in einem zweiten Schritt – den Geist in dem von der Wahrnehmung angesteuerten Raum zu entspannen. Es ist nämlich der Geist, der gewissermaßen die Gewebe unseres Körpers unter seiner Kontrolle behält und sie zwingt, genau den Tonus zu übernehmen, der in ihm vorherrscht. In der folgenden Anleitung bekommt damit unser Geist eine »Extra-Einladung«, eine (zu) hohe Ruhespannung (Tonus) in den Muskeln und Organen zu lösen. Die Reihenfolge von den Füßen bis zum Scheitel, in der sich die Entspannung durch den Körper bewegt, entspricht dem Ziel, die Körpererfahrung in die Entspannung aufzulösen (Pralaya).

- Komm in die Rückenlage. Um bequem zu liegen, unterstütze dich eventuell mit einem Kissen unter dem Kopf und/oder einer Rolle unter den Knien. Decke dich zu, damit du nicht auskühlst.
- Geh mit deiner Wahrnehmung in deine Füße – entspanne den Raum deiner Füße – entspanne *deinen Geist* in den Raum deiner Füße.
- Geh mit deiner Wahrnehmung in deine Beine – entspanne den Raum deiner Beine – entspanne *deinen Geist* in den Raum deiner Beine.
- Geh mit deiner Wahrnehmung in dein Becken – entspanne den Raum deines Beckens – entspanne *deinen Geist* in den Raum deines Beckens.

- Geh mit deiner Wahrnehmung in deinen Rücken – entspanne deinen ganzen Rücken – entspanne *deinen Geist* in die Breite und Tiefe deines Rückens.
- Geh mit deiner Wahrnehmung in deinen Bauch – entspanne den Raum deines Bauches – entspanne *deinen Geist* in den Raum deines Bauches.
- Geh mit deiner Wahrnehmung in deine Hände – entspanne den Raum deiner Hände – entspanne *deinen Geist* in den Raum deiner Hände.
- Geh mit deiner Wahrnehmung in deine Arme – entspanne den Raum deiner Arme – entspanne *deinen Geist* in den Raum deiner Arme.
- Geh mit deiner Wahrnehmung in deine Schultern – entspanne den Raum deiner Schultern – entspanne *deinen Geist* in den Raum deiner Schultern.
- Geh mit deiner Wahrnehmung in deine Brust – entspanne den Raum deiner Brust – entspanne *deinen Geist* in die Weite und Tiefe deines Brustraums.
- Geh mit deiner Wahrnehmung in deinen Hals – entspanne den Raum deines Halses – entspanne *deinen Geist* in deinen Hals zwischen Kehle und Nacken.
- Geh mit deiner Wahrnehmung in deinen Kopf – entspanne den Raum deines Kopfes – entspanne *deinen Geist* in die Weite und Tiefe deines gesamten Schädels.

2. Sanftes Atmen durch den ganzen Körperraum (Sukshma Pranayama)

Diese Atemführung durch die Nase unterstützt uns darin, nach und nach (auch tief sitzende) Anspannung in den Körpergeweben zu lösen.

- Verweile weiterhin in der Rückenlage.
- Atme ruhig und tief ein – und führe deinen Atemstrom bis unter den Nabel.
- Atme ruhig und tief aus – und lass den Atemstrom dabei bis über den Scheitelpunkt aufsteigen.

- Wiederhole diese Übung mehrere Male in deinem Rhythmus.
- Halte nach etwa 2 Minuten inne und spüre in deinem inneren Raum nach. Werde dir bewusst, als wie entspannt du jetzt deinen Körperraum und deinen Geist erfährst.

3. Energieausgleich

Häufig entsteht in der Ruhelage die Empfindung, dass die Körperräume der rechten und der linken Seite unterschiedlich groß und / oder unterschiedlich durchlässig sind. Die folgende Atemlenkung hilft, einen Energieausgleich herbeizuführen.

- Verweile weiterhin in der Rückenlage.
- Atme ruhig und tief durch die Nase ein – und führe deinen Atemstrom vom Scheitelpunkt bis zu den Zehen beider Füße.
- Atme ruhig und tief aus – und führe den Atemstrom von den Zehen nach oben, lass ihn bis zum Scheitelpunkt aufsteigen.
- Atme ruhig und tief ein – und führe deinen Atemstrom vom Scheitelpunkt bis zu den Zehen deines rechten Fußes.
- Atme ruhig und tief aus – und lass den Atemstrom von den rechten Zehen bis zum Scheitelpunkt aufsteigen.
- Atme ruhig und tief ein – und führe deinen Atemstrom vom Scheitelpunkt bis zu den Zehen deines linken Fußes.
- Atme ruhig und tief aus – und lass den Atemstrom von den linken Zehen bis zum Scheitelpunkt aufsteigen.
- Atme ruhig und tief ein – und führe deinen Atemstrom noch mal vom Scheitelpunkt bis zu den Zehen beider Füße.
- Atme ruhig und tief aus – und führe den Atemstrom wiederum von den Zehen beider Füße nach oben, lass ihn bis zum Scheitelpunkt aufsteigen.
- Halte dann inne und spüre in deinem inneren Raum nach. Werde dir bewusst, als wie entspannt du jetzt deinen inneren Raum und deinen Geist erfährst.

4. Sich aufsetzen und erden

Jetzt erst wird mit der Sitzhaltung die eigentliche Meditationshaltung eingenommen. Wenn wir den Geist immer mehr in den Zustand wacher Ruhe führen, verlieren wir zunehmend die Empfindung für unseren Körper. Deshalb ist es sehr wichtig, sich vorher gut im Sitz niederzulassen und zu erden.

Dann wird der »sanfte Atem« (Sukshma Pranayama) aus dem zweiten Schritt wieder aufgenommen, bei dem der Einatem absteigt in den »Feuerraum« unterhalb des Nabels. Dort erhitzt er sich, indem er sich mit der Lebenskraft – dem Prana – verbindet, um dann heiß wieder aufzusteigen.

Die Atemführung in dieser Phase begünstigt das Lösen und Reinigen all dessen, was unseren Geist beunruhigt und destabilisiert.

- Komm in eine aufrechte und bequeme Sitzhaltung deiner Wahl. Lass dich ganz nieder in deinem Sitz und verbinde dich über deinen Wurzelraum mit der Erde.
- Atme ruhig und tief durch die Nase ein – und führe deinen Atemstrom bis unter den Nabel. Verbinde den Prana mit der transformierenden und reinigenden Feuerkraft des Nabelraumes.
- Atme ruhig und tief aus – und lass den heißen Atemstrom dabei bis über den Scheitelpunkt aufsteigen.
- Wiederhole diese Übung mehrere Male in deinem Rhythmus.
- Halte nach etwa 2 Minuten inne und spüre in deinem inneren Raum nach. Werde dir bewusst, als wie entspannt du jetzt deinen Geist erfährst.

5. Sitzen und Üben von Shambhavi Mudra[31]

Shambhavi Mudra ist ein Schauen, bei dem der Blick ganz weich und unfokussiert bleibt. Er ruht auf dem Gesehenen, ohne es zu ergreifen.

---

31 Diese Übung erscheint noch einmal als klassische Meditation des Hatha-Yoga ab Seite 94.

Shambhavi Mudra hilft uns, »in der Welt, aber nicht von dieser Welt« zu sein, wodurch sich unser Geist und unser Nervensystem zu entspannen und zu regenerieren vermögen. Der Name »Shambhavi« bezieht sich auf die friedvolle und wohlwollende Erscheinungsform des großen Hindugottes Shiva.

- Bleibe in der aufrechten und bequemen Sitzhaltung deiner Wahl. Richte dich so ein, dass du eine Weile möglichst regungslos sitzen bleiben kannst.
- Entspanne dein Gesicht, deine Augen und deinen Mundraum.
- Schließe die Augen und ziehe alle deine Sinne und alle Gedanken zurück in die Mitte deines Schädels, in den Ruheraum des Geistes. Komm dort ganz zu dir und ruh in dir.
- Öffne dann die Augen. Schau von der Mitte des Schädels aus hinaus in die Welt – jedoch ohne etwas wahrzunehmen oder zu betrachten.
- Verweile so in absoluter Regungslosigkeit – bis auf die Atembewegung. Entspanne dein Schauen und deinen Geist tiefer und tiefer.
- Verweile in diesem meditativen Zustand. Betrachte alles, was in deinem Geist – oder auch vor dir – auftaucht, als traumgleich. Verbinde dich mit der ursprünglichen Reinheit deines Geistes, mit dem Sehen und dem Wahrnehmen an sich.

6. Übertragung dieses Geisteszustandes in die Aktivität und in den Alltag

Hier nun ist der Übergang, an dem wir immer wieder aufs Neue überprüfen können, ob wir begonnen haben, neue Strukturen im Geist zu bilden und damit neues Verhalten möglich werden zu lassen.

Weil dieser Brückenschlag so heikel ist, empfiehlt es sich, einzuüben, den Geisteszustand der wachen Ruhe und reinen Wahrnehmung während des Asana-Übens beizubehalten. Dabei kommt uns das Leitprinzip der Asana-Praxis sehr entgegen, nämlich das sich Einrichten in einer passenden Anstrengung und das Lösen von unnötiger Anspannung. Dabei geht es zum einen darum, eine zunehmende Achtsamkeit dafür zu entwickeln, wie sich die eigenen Grenzen im Üben immer wieder verschieben, und das Maß der Anstrengung entsprechend anzupassen. Zum anderen geht es darum, sich dort im Körper gezielt zu entspannen, wo er durch das Asana gerade nicht oder nur wenig gefordert ist (zum Beispiel in einer Vorbeuge im Bauchraum). Abgesehen davon empfiehlt es sich, in jeder Yogahaltung und jedem Bewegungsablauf zu versuchen, so weit wie möglich den Bereich des Oberbauchs mit dem Zwerchfell und dem Solarplexus zu entspannen, da dadurch direkt das vegetative Nervensystem – und zwar besonders der Vagus – angesteuert werden kann.

Mentale und muskuläre Anspannung wird im Alltag immer wieder aufs Neue aufgebaut. Das beruht darauf, dass wir auf die Geschehnisse des täglichen Lebens eigentlich mit einer Vielzahl an Gefühlen reagieren möchten, die jedoch größtenteils als unerwünscht oder nicht passend angesehen und deshalb unterdrückt werden. Aus diesen nicht gelebten Gefühlen entsteht oft eine chronische Spannung im Oberbauch, denn dieser Bereich ist – neben dem Mundraum, dem Nacken und den Schultern – besonders empfänglich dafür, ungelöste Emotionen zu speichern. Sobald wir in der Meditation den Geist etwas entspannen, steigen diese Kräfte aus dem Unbewussten auf – als Störungen und Ablenkungen.

Aus diesem Grunde wird von den Meistern des Himalaja dringend geraten, dann, wenn wir uns hinsetzen zur Meditation, als Allererstes zu vergessen, dass wir meditieren *wollen*. Sie empfehlen uns stattdessen – immer feiner, immer differenzierter und über Jahre hinweg (!) –, erst einmal zu lernen, unseren Geist zu entspannen und den Zustand wacher Ruhe zu etablieren, denn nur aus ihm kann ein friedvoller und klarer Geist resultieren.

Zweiter Lernschritt: *Eine korrekte Sitzhaltung erarbeiten*

In der Tradition des Himalaja-Yoga wird großer Wert auf eine individuell angepasste und angemessene Sitzhaltung gelegt, damit die Lebensenergie auch dann frei fließen kann, wenn wir sehr lange reglos in der Meditation sitzen.

Wenn die Sitzhaltung nicht stimmt, wird uns unser Körper schnell zur Ablenkung und sogar zum Hindernis, denn solange wir das Sitzen als anstrengend empfinden, kann sich auch unser Geist nicht richtig entspannen.

Jeder Widerstand – zum Beispiel durch schmerzende Knie – bedeutet Spannung und jede Spannung bedeutet Unruhe!

Eine angemessene Sitzhaltung zu finden kann heißen, auf einem sehr hohen Kissen oder einem Stuhl zu sitzen. Es empfiehlt sich auf jeden Fall, verschiedene Sitzhilfen auszuprobieren und sich alle weiteren Hilfsmittel – wie eine Unterstützung unter den Knien oder Fußrücken – zuzugestehen und sie dann auch konsequent zu verwenden.

Idealerweise vergessen wir, wenn wir in der Meditation sitzen, dass wir sitzen!

Das wird am besten gelingen, wenn wir von jeder Form bewusster äußerer Aufrichtung – in der die Muskulatur arbeitet – zu einer inneren Aufrichtung finden. Hierbei wird die »Arbeit« des Aufrechthaltens an die innere vertikale Achse abgegeben, sodass die Muskulatur, die diese Lotrechte umgibt, weitgehend entspannt werden kann (siehe dazu die Übung auf Seite 78).

Dritter Lernschritt: Atemachtsamkeit entwickeln

In der Tradition der Yogameister des Himalaja wurde über Jahrhunderte hinweg die Erfahrung bestätigt, dass wir keine Vertiefungszustände in der Meditation erreichen können ohne ein Atemgewahrsein. Das Spürsame und Empfindsame dieser Atemachtsamkeit gilt sogar als »der Schlüssel« zu jeglicher Form von Vertiefung, denn das Empfinden unseres Atems bzw. unserer Atembewegung öffnet erst den Weg in die Tiefe des eigenen Seins.

Nach Patañjali ist bereits jede Form von Atemachtsamkeit Pranayama (Yoga-Sutra 1.34), und zwar in der Form von Prana Apana Smriti.

Unter *Prana* wird in diesem Kontext der Einatem verstanden, unter *Apana* der Ausatem. *Smriti* bedeutet, etwas im Gewahrsein zu behalten. Es geht also um das Gewahrsein der Ein- und der Ausatmung.

Um das zu erlernen und einzuüben, bietet uns der Yoga eine Didaktik, in der viele kleine Lernstufen aufeinander aufbauen, und zwar:

❧ **Das Erforschen unserer Atembedingungen**
Das bedeutet, dass wir uns darüber klar werden, ob wir in der gewählten Sitzhaltung frei und ungehindert atmen können, ob unsere Kleidung (BH, Hosenbund) uns nicht über Gebühr einengt, ob die Luft gut ist, ob die Nase frei ist usw.

❧ **Die Entwicklung eines freien Atemflusses**
In diesem Lernschritt geht es darum, den Atem so zu entspannen, dass er – seiner Natur folgend – strömt und fließt. Für die meisten von uns wird das auch bedeuten, den Atem von jedem Zugriff, jeder Manipulation und jedem Wollen zu befreien, damit er seinen ureigenen Rhythmus und seine Kraft und Dynamik wieder finden kann.
Im Yoga wird übrigens immer durch die Nase geatmet – außer es wird explizit eine Mundatmung erwähnt.

❧ **Die Entwicklung einer freien, kraftvollen Zwerchfellatmung**
Hier können Asanas wie Drehungen und Umkehrhaltungen, außerdem Pranayamas wie Feueratmung oder die Atmung mit dem Reibelaut (Ujjayi) sehr hilfreich sein, denn alle diese Übungen aktivieren und kräftigen unseren Hauptatemmuskel, das Zwerchfell.

❧ **Die systematische Entwicklung und Verfeinerung der Atemqualität** (Dirgasukshma = lang, fein und strömend, Yoga-Sutra 2.50), damit eine ruhige, tiefe Atmung (Samana) möglich wird. Dabei sind Atempausen erst mal kein Thema, vielmehr geht es sogar darum, Unebenheiten und »Lücken« an den Wendepunkten der Atmung zwischen Einatem und Ausatem bzw. zwischen Ausatem und Einatem zu schließen.

❧ **Die systematische Verlängerung der Ausatmung**
Mittels der Vertiefung der Ausatmung können wir unserem Geist helfen, Anspannung zu lösen und uns »runterzufahren«, so wie es Patañjali bereits im Yoga-Sutra 1.34 empfiehlt, wenn es darum geht, der Unruhe Herr zu werden, die dann entsteht, wenn sich unser Geist (mal wieder) in Probleme verwickelt.

❧ **Die Entspannung der Einatmung**
Hier geht es besonders darum, dass wir so entspannt wie möglich bleiben, *obwohl* wir einatmend (muskulär) aktiv sind. Und dieser Lernschritt kann uns helfen, uns beim Einatmen mehr und mehr vom Muster des Einatmen-Wollens zu lösen.

Wenn diese Form von Atemachtsamkeit und Atemgewahrsein zunehmend etabliert wird, dann wird unser Geist von allein mehr und mehr
präsent und *da* sein. Das ist das »rechte Gewahrsein« (Satipattana), die
wache Ruhe/das ruhige Wachsein, in dem Sattva-Guna[32] vorherrscht.

Der erste bis dritte Lernschritt hilft uns, eine allgemeine Körper- und
Atemachtsamkeit zu entwickeln. Darauf können dann die weiteren
Lernschritte aufbauen.

Vierter Lernschritt:
Die Technik der »Nicht-Identifikation«
(Vairagya Bhavana)

Der vierte Lernschritt bezieht sich auf alle Aspekte der Schulung unserer Achtsamkeit, unserer Wahrnehmung bzw. des »Jetzt-Seins«, wobei
die Schritte 1 bis 3 bereits als Aspekte dieser Schulung gesehen werden.
Gemeint ist die sorgfältige, achtsame Wahrnehmung unserer selbst – in
allen Zuständen, unter anderem auch in unserer Asana-Praxis. Damit
geht es um die Entwicklung der Instanz des inneren Beobachters, des
Zeugen. Diese Instanz ist für uns unverzichtbar, damit wir lernen, uns
mit all dem, was uns widerfährt, was wir denken und fühlen, allmählich
immer weniger zu identifizieren.

Meditation ist die seit Jahrtausenden bewährte Methode, sich selbst
in der Stille zu begegnen und sich selbst zu erforschen. Dadurch dass
die äußeren Reize reduziert sind, werden wir in die Lage versetzt, überhaupt einmal wahrzunehmen, welche Impulse sich (immer wieder) in
uns entwickeln, und zu erkennen, woher sie kommen. Das entspricht der
Anweisung, die wir im Yoga-Sutra finden, wenn es heißt: »Indem wir
untersuchen, welche Rolle die Sinne in unserem Leben spielen, können
wir Stabilität und Ausrichtung in unserem Geist erlangen.« (Yoga-Sutra
1.35)[33] Jeder Mensch hat seine eigene Art, auf Sinne anzusprechen und

---

32 Mit Guna werden im Yoga die Grundeigenschaften der Materie bezeichnet: Rajas
– das Bewegte, Tamas – das Stabile und Sattva – das Ausgeglichene.
33 In der Übersetzung von Desikachar, a. a. O., S. 44.

sich von den davon ausgehenden Reizen – dem Impuls – »einwickeln« zu lassen. Diesen Impulsen folgen dann in der Regel unkontrolliert Gefühle und Gedanken, die unseren Geist mit sich nehmen. Und das ist dann jedes Mal das Ende für jegliche Meditation. Deswegen sollen wir lernen, diese Impulse zu kontrollieren und sie – wenn wir den Geist in die Ruhe führen wollen – »wegzuklicken«.

Der zweite Aspekt dieses Lernschritts bezieht sich auf den Sinn von Vairagya Bhavana, was hier heißt, einen Zustand einüben (Bhavana), nämlich den des Standpunkts des losgelösten Beobachters (Vairagya = frei von Begierde). Dieses Einüben als Weg der Loslösung von den uns begrenzenden Identifikationen bildet (später) einen vertiefenden Aspekt dieser Schulung.

Die Übung besteht darin, sich in den Momenten der Stille einem inneren Dialog zu öffnen, um aus der eigenen Tiefe heraus die Frage zu klären: »Was will ich wirklich? Was soll in meinem Leben Priorität haben? Wo will ich am Ende meines Lebens innerlich stehen? Welche Qualitäten möchte ich entwickelt haben?«

Aus den Antworten werden sich die Leitsätze entwickeln, die uns fortan durch unser Leben begleiten sollen. Ein solches Prioritätensetzen gibt uns die Ausrichtung und Klarheit, die wir brauchen, um die Ruhe des Geistes zu begünstigen.

Fünfter Lernschritt:
Die Sammlung des Geistes

Meditation entsteht dann, wenn unser Geist in einem Zustand wacher und gelöster Ruhe auf einem Meditationsgegenstand ruht – sehr gut geeignet ist dafür zum Beispiel der Atem.

Die Sammlung des Geistes steht in Bezug zu Lernschritt 3 – als dessen Vertiefung – und natürlich zu Lernschritt 4. In diesem fünften Lernschritt nun geht es um die spezifischen Weiterentwicklungen der Praxis des Atemgewahrseins als konkrete Schritte der Meditationsschulung (Yoga-Sutra 1.34). Dazu dient eine bewusste, nichtinvasive Atembegleitung, für die gerne eine subtile Form der Wechselatmung, Nadi Sandhya (Sandhya = Vermählung), verwendet wird.

Nadi Sandhya Pranayama

- Atme mehrmals bewusst über jedes Nasenloch einzeln.
- Bleibe bei der Wahrnehmung des Atemstroms in dem Nasengang, der schwächer ist. Spüre, wie er sich dadurch mit Bewusstseinsenergie auflädt.
- Sobald der Prana über beide Nasenlöcher gleich stark fließt, lenke ihn über den Sandhya-Punkt, an dem sich die beiden Nasengänge an der Oberlippe treffen.
- Lass den rechts und den links strömenden Prana in diesem Nasagra Drishti (Konzentrationspunkt an der Nase) sich miteinander »vermählen« und von dort aus zu dem Lichtpunkt in der Mitte des Kopfes aufsteigen.
- Verweile in der Stille, die durch die Aufhebung aller Polaritäten entsteht, in dem Lichtpunkt in der Mitte deines Kopfes.

Sechster Lernschritt:
Die Reinigung des Geistes unterstützen

Je besser und genauer wir lernen, wie unser Geist funktioniert und was ihn alles bewegt, desto deutlicher wird, wie viel »mentales Gerümpel« sich in ihm im Laufe der Jahre angesammelt hat. Er ist zumeist vollgestopft mit Konzepten, Ansichten, Meinungen, Glaubenssätzen über uns und die Welt, Erinnerungen usw. Vieles von dem, was sich in unseren Gehirnwindungen im Laufe der Jahre angesammelt hat, stellt sich bei näherer Betrachtung als etwas heraus, das unseren Geist befleckt (zum Beispiel ein ungnädiges Selbstbild), das ihn beunruhigt (wie bestimmte Erinnerungen) oder ihn zumindest einengt und stört (etwa bestimmte Ansichten und Meinungen).

Das, womit wir uns in diesem Lernschritt beschäftigen, ist all das mentale »Material«, das während des Nadi Sandhya Pranayama ins Bewusstsein aufgestiegen ist. Wir »reinigen« unseren Geist, indem wir es zur Kenntnis nehmen und ihm die heilsamen Grundsätze zur Seite stellen, die in der Lage sind, unseren Geist zu verwandeln, sodass er zu einem angenehmen Ort (Citta Prasadana) wird.

Citta Prasadana ist die Bezeichnung für den friedvollen, stabilen und wachen Geisteszustand, in dem wir gerne lange verweilen. Dieser Zustand wird im Yoga als unser eigentlicher, natürlicher Zustand (Sahaja) angesehen. In ihm ist unsere Wahrnehmung weit, frei von allen Voreingenommenheiten und damit ganz frisch und rein. Wir nehmen wahr – und das so rein Wahrgenommene verbindet sich nicht mehr mit den alten Spuren in uns (den Samskaras und Vasanas, Seite 30 und 183) und hinterlässt, so heißt es, keine neuen Spuren in unserem Geist.

Die heilsamen Grundsätze (Seite 38), die in der Lage sind, unser gesamtes inneres Bewertungssystem umzudeuten, sind: Güte (Maitri), Mitgefühl (Karuna), Freude (Mudita) und Geduld/Fehlerfreundlichkeit (Upeksha).

Sie werden unterstützt von den zehn yogischen Qualitäten und Handlungsmaximen im Umgang mit unserer Umwelt und mit uns selbst, den Yamas und Niyamas (mehr dazu ab Seite 137). Dabei wird als die wichtigste Qualität Ahimsa angesehen: die Rücksichtnahme, das behutsame Vorgehen, der Verzicht auf jegliche – auch noch so subtile – Form von Gewalt, durch die wir uns selbst und andere mit Taten, Worten und Gedanken schädigen könnten.

Wenn diese neuen Qualitäten in unserem Geist zu keimen beginnen und wir sie stets mit Hingabe kultivieren, dann werden andere Anteile unserer Persönlichkeit absterben. Dieses »Sterben« geschieht in der Regel nicht ohne Widerstand und Angst. Wenn wir diese Regungen in uns merken, ist es das Allerwichtigste, uns immer wieder darin zu unterstützen, den Geist zu entspannen und darauf zu vertrauen, dass sich in uns alles in einer förderlichen und günstigen Weise zum Wohle unserer selbst und aller Wesen entwickeln wird.

Siebter Lernschritt: Die Umsetzung der Lernschritte 1 bis 6 in alle Lebenssituationen

Gelingt uns dieser Transfer in das Leben nicht, dann ist unsere Yogapraxis wertlos, denn sie soll uns doch helfen, unser tägliches Leben zu transformieren. Mittels der Reinigung und Neuausrichtung des Geistes sollen wir neue Sichtweisen und neues Verhalten einüben, das es uns ermöglicht, nach und nach nichts mehr von dem, was uns widerfährt, als Belastung anzusehen, sondern als Möglichkeit der Erweiterung und der Entwicklung. Die Meister des Himalaja vertreten die Ansicht, dass jede Lebenssituation eine Schulungssituation ist und dass wir uns selbst sehr helfen, wenn wir die Widrigkeiten des Lebens als uns freundlich gesinnte Lehrer ansehen. In dem Maße, in dem uns das gelingt, wird sich unsere Yogapraxis beweisen und allmählich immer belastbarer werden.

In diesem siebten Lernschritt geht es aber auch um die Förderung der jedem Menschen innewohnenden spirituellen Willenskraft, Sankalpa Shakti (Shakti ist die aktive, bewegende Kraft, Sankalpa ist der Vorsatz, der unseren Geist in eine förderliche Richtung lenkt). Diese Entschlusskraft wird natürlich – vielleicht eher indirekt – schon in den vorhergehenden Lernschritten eingeübt, denn ohne sie würden wir es nicht schaffen, unsere Trägheit zu überwinden und uns auf den spirituellen Weg zu machen. Sankalpa Shakti drückt sich zum einen darin aus, dass wir wirklich innerlich bereit werden, den Yoga durch uns wirken zu lassen, und zum anderen darin, dass wir uns bereit machen, unsere Lebensziele einem höheren Sein unterzuordnen. Dieser Aspekt wird Ishvara Pranidhana genannt, was bedeutet: Hingabe an das Tun, die Widmung des eigenen Bemühens an das Göttliche (mehr dazu ab Seite 147). Diese bewusste und bereitwillige Unterordnung unserer Lebensziele hilft uns, Frieden zu machen mit dem, was uns im Leben begegnet. Wer von uns weiß schon, wofür etwas gut ist? Kein Mensch hat einen Horizont, der so weit ist, dass er sein ganzes Leben überschauen und einschätzen kann, welche Erfahrungen er braucht, um zu wachsen.

Dieser sich so entfaltende spirituelle Wille ist wie ein Feuer, das in uns wächst und irgendwann alles verbrennen wird, mit dem wir uns beschränken und einengen. Es wird genährt durch die Kraft der Selbstakzeptanz, des Verstehens und der Einübung eines zutiefst freundlichen Umgangs mit uns selbst (Samadhana). Diese innere Haltung wird uns helfen, dass wir unsere inneren Wunden heilen, dass wir lernen, uns selbst zu vergeben und eine freundschaftliche Beziehung zu unserem eigenen Geist zu entwickeln. Dies wird bewirken, dass der Geist ruhig, friedvoll und offen sein kann und wir uns ohne Furcht unserem Leben anvertrauen.

Meditieren lernen im Alltag

»Wichtig ist die Absicht, zu meditieren. Das allein ist genug.«
Yongey Mingyur Rinpoche

Wenn wir beginnen, zu meditieren, werden wir bald das Gefühl haben, dass zwischen dem, was wir in der Stille und Sammlung erfahren, und dem, was unser Alltag ist, eine ziemliche Lücke klafft. Damit unser Plan, die Meditation im Ablauf unseres täglichen Lebens zu etablieren, gelingen kann, gilt es, diese Lücke zu überbrücken.

Ein wesentlicher Faktor dieses Brückenschlags besteht darin, im täglichen persönlichen Familien- und Berufsleben günstige Bedingungen zu schaffen, denn die noch kleine und zarte Flamme unserer Meditation braucht am Beginn einen geschützten Rahmen und Raum. Sie braucht sowohl den räumlichen Schutz des Rückzugs als auch einen »Schutz« in unserem Terminplan, indem wir unseren Meditationszeiten eine hohe Priorität einräumen. Das wird uns darin unterstützen, immer wieder zu uns zu kommen und so eine verlässliche Beziehung zu unserem innersten Wesen aufzubauen.

Einige praktische und bewährte Tipps

- Beginne mit Schritt 1. Sobald du das Gefühl hast, dass du deinen Körper aktiv entspannen kannst, beginne, den Sitz und die Atmung einzuüben. Einige der Übungsschritte – wie die Reinigung des Geistes – sollten so weit wie möglich in den Alltag eingebunden werden. Das geht, indem du die Instanz des Beobachters in dir etablierst und ganz bewusst kultivierst.
- Wähle zu Beginn 2 bis 3 kurze Übungsphasen über den Tag verteilt, also morgens, möglichst mittags und abends, je 10 bis 15 Minuten.
- Wenn es irgend möglich ist, sollte der Zeitpunkt des Übens immer gleich sein, also zum Beispiel jeden Morgen von 7.00 bis 7.15 Uhr.
- Übe anfangs am besten täglich – also »regelmäßig, aber mäßig«. Du wirst merken, dass es weniger Energie bedarf, jeden Tag bzw. mehrmals täglich an das anzuknüpfen, was du bis dahin aufgebaut hast und

was dein Gehirn als Erfahrung und Gestimmtheit noch frisch in Erinnerung hat, als immer wieder ganz von Neuem zu beginnen, in die Stille und in die Verinnerlichung zu kommen. Durch eine kontinuierliche Praxis wird eine geistige Energie aufgebaut, die stetig wächst und sich dabei fortwährend stabilisiert.

- **Binde die Meditationsphase in der Tagesmitte in deinen Alltag ein.** Jede Zeit des Tages kann dazu genutzt werden, den Faden wiederaufzunehmen, indem wir kurz innehalten und uns auf den Zustand des ruhigen, wachen und friedvollen Geistes einschwingen, zum Beispiel bevor wir ein Telefonat führen, eine E-Mail beantworten oder zu Tisch gehen. Wenn wir unseren Geist darauf programmieren, wird er bald beginnen, die Pausen im Alltag ausfindig zu machen, und lernen, sie als eine Möglichkeit zu nutzen, sich zu entspannen und zu regenerieren. Dieses kurze Innehalten und Sich-Besinnen wird sich bald ganz selbstverständlich und organisch in deinen Tag einfügen.

- **Suche am Ende des Tages,** bevor du ins Bett gehst oder bevor du einschläfst, regelmäßig noch einmal deinen **geschützten inneren Raum auf** und tauche noch einmal ganz in dich selbst ein. Verbinde dich mit dem Licht und dem Frieden in dir. Dabei hilft es sehr, wenn du dir angewöhnst, in Dankbarkeit auf all das zurückzuschauen, was dir an diesem Tag Gutes widerfahren ist.

- **Suche überall** – auch auf deinem Bürostuhl, auf deinem Sitzplatz im Zug oder Flugzeug, an der Bushaltestelle – **eine Sitzhaltung, die stabil ist und die du als angenehm empfindest** (Sthira/Sukha, Seite 78). Sie soll dir erlauben, das nötige Maß an Wachheit und Klarheit zu etablieren. Sitzt du zu bequem, wird dein Geist dumpf werden. Sitzt du zu aufrecht, wirst du dich verspannen. Finde jedes Mal aufs Neue dein rechtes Maß für eine wache und entspannte Körperhaltung.

- **Führe ein Praxistagebuch.** Nimm am besten einen Kalender und schreibe jeden Tag in wenigen (Stich-)Worten hinein, welche Meditation du gewählt hast und wie es dir damit ging, welche Gefühle auftauchten, was sie für dich in deinem Leben bewirkt hat. Das Praxistagebuch wird dir helfen, dich »bei der Stange zu halten«, denn es wird dich zunehmend mit Genugtuung und Zufriedenheit erfüllen, dir jeden Tag schriftlich zu bestätigen, dass du geübt hast!

Yogameditationen
Viele Wege zum Ziel

*In diesem Kapitel
findest du eine Vielzahl unterschiedlicher Methoden,
um die Meditation Schritt für Schritt zu erlernen.
Einige werden dich ansprechen,
andere nicht. Einige werden dich heute interessieren,
andere vielleicht erst in zehn Jahren.
Betrachte die Meditationsanleitungen in diesem
Kapitel einfach wie einen großen, gut gefüllten
Werkzeugkasten, in dem du nun über viele Jahre
hinweg alles findest, was du brauchst,
um deinen Geist zu beruhigen, zu stabilisieren
und zu klären.*

4

Der Einstieg in die Meditation, vermittelt durch den Atem

»Atemübungen, die eine Betonung und
Verlängerung der Ausatmung einschließen,
können dazu dienen,
unseren Geist ruhiger werden zu lassen.«
Patañjali: Yoga-Sutra, 1.34[34]

Wie wir bereits im einführenden Teil gesehen haben, ist die bewusste Einbeziehung der Atmung eine sehr gute Methode, unseren Geist zu stabilisieren und ihn dadurch langfristig zu klären. Dazu gehört eine Reihe von Übungen, die sich mit der Atembeobachtung, der Verbindung von Atem und Bewegung, der Verfeinerung des Atems und der Verlängerung des Ausatems beschäftigen. All diese Methoden haben den Vorteil, dass sie dem Geist zuerst einmal etwas zu tun geben und dadurch seine mentalen Energien in eine bestimmte Richtung lenken.

Diese Übungen nehmen die Arbeit an dem dritten Lernfeld »Atemachtsamkeit entwickeln« (Seite 53) wieder auf und stellen sie noch einmal in einen anderen methodischen Zusammenhang. Auch hier sind alle Übungen aufeinander aufgebaut und ergeben so ein in sich geschlossenes Lern- und Arbeitsfeld.

---

34   In der Übersetzung von T. K. V. Desikachar, a. a. O., S. 44.

1. Atemlenkung entlang der inneren Achse

Die Meister des Hatha-Yoga haben über die Jahrhunderte hinweg beobachtet, dass wir mit einer bewussten Atemführung intensiv auf unsere innere Befindlichkeit einzuwirken vermögen. In den folgenden Übungen, in denen die Aufmerksamkeit durch den Körper gelenkt wird, soll vor allem versucht werden, energetische Ungleichgewichte abzubauen, die immer wieder spürbar werden: zwischen oben und unten (»Kopf und Bauch«) sowie zwischen der linken und rechten Seite unseres Körpers (der eher passiven und der eher aktiven Seite). In den sogenannten Energielenkungen wird der Geist gesammelt und so »gebündelt« auf den Weg geschickt.

Die Verfeinerung unserer Wahrnehmung, die sich mit zunehmender Übung einstellt, wird uns spüren lassen, wo wir ungleichgewichtig sind und wie wir uns mit der Energielenkung in den Zustand der Ausgeglichenheit zurückführen können.

- Komm in einen aufrechten, bequemen Sitz deiner Wahl. Schließe die Augen und werde dir deiner vertikalen Achse bewusst, die deinen Körper – einem Lot gleich – von der Mitte des Beckenbodens bis zum Scheitelpunkt und darüber hinaus durchzieht. Sobald du deine innere vertikale Achse spürst, beginne damit, deine Aufmerksamkeit folgendermaßen zu lenken.
- Während du durch die Nase einatmest, lenke deine Aufmerksamkeit vom Becken zum Scheitelpunkt.
- Während du möglichst langsam durch die Nase ausatmest, lenke deine Aufmerksamkeit vom Scheitelpunkt zum Becken.
- Geh nur so weit, wie dein Atem deine Aufmerksamkeit trägt. Fahre damit fort, bis du merkst, dass dein Geist zu ermüden beginnt.
- Anschließend verweile in einer meditativen Wahrnehmung deiner inneren Achse, die Kopf, Bauch und Becken (Himmel & Erde) miteinander verbindet. Werde dir gleichzeitig bewusst, wie lang und ruhig dein Atem geworden ist.
- Wiederhole diese Übung mindestens über einen Zeitraum von sechs Wochen einmal täglich.

2. Die Verfeinerung des Atems

Im Alltag ist unser Atem normalerweise unregelmäßig und rau. Er spiegelt damit den Zustand des Geistes, der unruhig und zerstreut ist. Da Atem und Geist so vernetzt sind, können wir immer über den einen auf den anderen einwirken. Weil wir leichter direkt mit dem Atem als mit dem Geist arbeiten können, konzentrieren wir uns hier auf den Atem. Die Erfahrung zeigt, dass jeder Versuch, den Atem regelmäßiger, fließender und feiner werden zu lassen, sich zuverlässig auf die Beruhigung des Geistes auswirkt. Diese Verfeinerung ist jedoch ein längerer Prozess, der etwas Geduld braucht, da der feine und fließende Atem oft von vielen alten Mustern überlagert ist.

- Komm in einen aufrechten, bequemen Sitz deiner Wahl. Schließe die Augen und lausche deinem Atem. Versuche, ihn allmählich länger, ruhiger und fließender werden zu lassen, indem du den Atem mehr und mehr entspannst.
- Atme dann langsam hoch zum Stirnraum, so als wolltest du einen köstlichen Duft einatmen. Lass den Atem ganz entspannt wieder hinausströmen.
- Fahr damit fort, geleite jeden Einatem hoch in den Stirnraum und entspanne deinen Ausatem mehr und mehr.
- Halte nach einigen Minuten inne. Entspanne deinen Stirnraum in seiner ganzen Breite, Höhe und Tiefe – so wie du ihn wahrnimmst. Verweile in dieser Entspannung und begleite wahrnehmend und spürend deinen feinen, subtilen Atemstrom.
- Wiederhole diese Übung mindestens sechs Wochen lang.

3. Ujjayi – die Atmung mit dem Reibelaut

Die Atmung mit dem Reibelaut verlängert die Ausatmung und ist ein bewährtes Mittel, um den Geist zu sammeln und in die Ruhe zu führen. Durch das Lauschen auf den Ton werden die Sinne des Hörens und auch des Fühlens beschäftigt – sie stehen dadurch nicht mehr (so sehr) zur Verfügung, um auf äußere Sinnesreize zu reagieren. Auch das

Atemgeräusch selbst wirkt beruhigend, denn es gleicht dem Rauschen des Ozeans – nur dass es sich hierbei um unseren inneren Ozean handelt, in dem die Wellen des Atems im Rhythmus des Lebens unablässig kommen und gehen.

Der Atem wird hörbar, indem die stimmbildenden Muskeln im Inneren des Kehlkopfs bewusst verengt werden. Dadurch entsteht ein Reibelaut, der uns deutlich hören lässt, ob unser Atem fließt oder holpert, regelmäßig oder unregelmäßig ist. Vor allem aber zeigt uns das Atemgeräusch, ob unser Geist konzentriert beim Atem verweilt oder immer wieder abschweift. Im Falle der Konzentration entsteht ein ruhiger, durchgehender Reibelaut. Schweift der Geist jedoch auch nur etwas ab, beginnt der Ton zu schwanken und eventuell sogar zu stocken.

Indem wir mithilfe der Ujjayi-Technik unserem Atem mühelos lauschen können, lernen wir ihn einerseits kennen und können dann auch wissen, wie er auf die Wechselfälle unseres Lebens reagiert. Andererseits hilft uns diese Technik aber auch, den Atemfluss zu regulieren und zu lenken, sodass wir bewusst versuchen können, einen unregelmäßigen Atem regelmäßiger werden zu lassen und einen angespannten Atem zu entspannen.

Sobald unser Geist unruhig oder angespannt ist, spiegelt unser Atem diesen mentalen Zustand genau und direkt wider. Die Technik der Atmung mit dem Reibelaut erlaubt uns, darüber einen »Sieg zu erlangen« – Ujjayi heißt »die Siegreiche«.

Dazu kommt noch ein nicht zu unterschätzender Rückkopplungseffekt. Wenn wir auf unseren Atem lauschen und hören, wie er allmählich regelmäßiger und fließender wird, dann hört unser Gehirn diesen ruhigen, fließenden Laut – und der Geist entspannt sich. Machen wir das öfter, dann konditionieren wir unser Gehirn entsprechend, was sich dadurch zeigen wird, dass die beruhigende Wirkung immer schneller eintritt. Dann stehen die Chancen gut, dass wir bald immer dann, wenn wir uns anstrengen – sei es körperlich oder mental –, nicht die Luft anhalten, sondern auf diese Weise atmen und über den langen, tiefen und strömenden Atem der Kraft des Lebens verbunden bleiben.

Zum anderen können wir auch einüben, den Ujjayi-Atem ganz bewusst als eine Pforte in die Meditation zu nutzen.

- Komm in einen bequemen und aufrechten Sitz deiner Wahl. Beobachte einige Minuten lang deine Atmung, ohne einzugreifen.
- Um die Atmung mit dem Reibelaut zu erlernen, gehe folgendermaßen vor: Sprich einige Worte (egal was) mit Flüsterstimme.
- Noch immer flüsternd, mache einige Male ausatmend »haaa«. Spüre, wie deine Stimmritze sich verengt, ohne sie aber zu sehr anzuspannen.
- Schließe den Mund und fahre fort mit dem Flüsterhauchlaut »haaa«, während du ganz ruhig und tief ausatmest.
- Immer wenn du einatmest, entspanne deinen Kehlraum, sodass der Atem lautlos einströmen kann.
- Lausche dem Reibelaut der ausströmenden Luft (sie reibt sich an dem verengten Stimmmuskel) in der Kehle, der Brust und vielleicht auch leise im Kopf.
- Sobald dir die Technik der Ujjayi-Atmung klar ist, lass den Reibelaut so leise werden, dass nur noch du selbst ihn hörst.
- Verbinde dich mit diesem Atemgeräusch und lausche ihm ganz inniglich, ohne auf den Atem weiter einwirken zu wollen.
- Überlass dich mehr und mehr dem inneren Lauschen und entspanne deinen Geist mehr und mehr. Fahre damit fort, bis du merkst, dass dein Geist zu ermüden beginnt.
- Dann halte inne und entspanne den Kehlraum, sodass du lautlos weiter atmest.
- Anschließend verweile in einer meditativen Wahrnehmung deines inneren Raumes. Werde dir gleichzeitig bewusst, wie lang und ruhig dein Atem geworden ist.
- Wiederhole diese Übung mindestens über einen Zeitraum von sechs Wochen einmal täglich.

Tipps:
- Strenge dich in dieser Atemform möglichst wenig an, damit sich die Muskeln im Inneren der Kehle nicht verspannen.
- Sei ganz locker und entspannt im Mundraum, damit der Nacken durchlässig bleiben kann.

4. Nadi shodhana – die Wechselatmung

Nadi shodhana ist eine der bekanntesten Atemformen des Hatha-Yoga. Sie heißt wörtlich übersetzt »Reinigung der Nadis«. Nadis sind Energiekanäle, die den ganzen Körper durchziehen und in denen die Lebensenergie Prana zirkuliert. Man kann sie mit den Meridianen der Chinesen vergleichen, in denen das Chi – der chinesische Ausdruck für Lebensenergie – zirkuliert. Die gebräuchlichere Bezeichnung »Wechselatmung« trifft den Sinn dieser Atemlenkung jedoch auch sehr gut, denn man schließt abwechselnd das linke und das rechte Nasenloch und atmet jeweils nur über eine Seite aus und wieder ein.

Im Hatha-Yoga wird jedem Nasengang eine besondere Ausrichtung der Energie zugeordnet. Der rechte Nasengang ist gemäß dieser Theorie der Sonne und der linke Nasengang dem Mond zugeordnet. Die Sonne steht symbolisch für die aktive, männliche, nach außen gerichtete Seite des menschlichen Wesens; der Mond für die empfangende, weibliche und nach innen gerichtete Seite.

In der Sichtweise des Hatha-Yoga sind Sonne und Mond zwei Pole, zwischen denen wir uns im Alltag ständig hin und her bewegen. In der Regel neigen wir durch Konstitution und Erziehung entweder mehr zur energetischen Ausrichtung der Sonne oder des Mondes – sind also zum Beispiel eher aktiv oder eher zurückhaltend. Deshalb müssen wir darauf achten, dass sich im Laufe unseres Lebens das Gleichgewicht nicht mehr und mehr zu diesem Pol hin verschiebt. Das geschieht schnell, da ein sehr aktiver Mensch in der Regel am liebsten aktiv ist und gar nicht so sehr die Ruhe, den Rückzug oder das Passive schätzt. Während sich ein ohnehin ruhiger Mensch eher langsam bewegt und sich gerne in sich zurückzieht.

Die alten Yogameister wussten durch Beobachtung und Erfahrung, dass unser Heil(-Sein) und unsere körperliche wie seelische Gesundheit im Gleichgewicht dieser beiden Energien begründet liegt. Denn wenn wir immer nur aktiv und extrovertiert sind, wenn nur die »Hitze der Sonne« in uns wirkt und die »Kühle des Mondes« mit seinen ruhespendenden und introvertierten Qualitäten nicht zum Zuge kommt, wird unser Nervensystem eines Tages auf diese Dysbalance reagieren müssen.

Die Wechselatmung gilt im Hatha-Yoga als die Übung, die diesen Ausgleich herbeiführen kann. Sie wird in einigen Quellentexten, zum Beispiel in Nathamunis »Yoga Rahasya«, als das wichtigste Pranayama angesehen. Aus Sicht der Yogameister – wie auch der modernen Medizin – wirkt diese Atemform auf unser vegetatives Nervensystem und hilft dort, einen Ausgleich zwischen dem aktiven Sympatikus und dem beruhigenden Vagus zu schaffen. Das Resultat ist ein innerer Zustand, den wir »ausgeglichen« nennen. Diese Wirkung wird verstärkt, wenn wir uns übend bewusst auf das Ausgleichen und Ausbalancieren ausrichten.

- Komm in einen aufrechten, bequemen Sitz. Beuge den Zeige- und Mittelfinger deiner rechten Hand zur Handfläche und strecke den Ringfinger und den kleinen Finger aus. Der Ringfinger verschließt das linke und der Daumen das rechte Nasenloch, und zwar direkt unterhalb der knöchernen Nase, dort, wo der Nasenknorpel beginnt. Achte beim Verschließen der Nase darauf, dass dein rechter Arm nicht am Brustkorb anliegt und dass dein Kopf nicht der Hand entgegensinkt.
- Lausche nun zuerst während einiger Atemzüge dem ruhigen Kommen und Gehen deines Atems über beide Nasengänge. Werde dir bewusst, ob einer der beiden durchlässiger oder leichtgängiger ist.
- Um die Übung zu beginnen, atme über beide Nasengänge ein.
- Schließe das rechte Nasenloch mit dem Daumen. Atme langsam über links aus und wieder ein. Verweile evtl. ein wenig in der Atemfülle.
- Schließe das linke Nasenloch mit dem Ringfinger. Atme langsam und ruhig über das rechte aus. Verweile einen Augenblick in der Stille der Atemleere und atme über rechts ein. Halte eventuell einen Moment in der Atemfülle inne.
- Schließe das rechte Nasenloch mit dem Daumen. Atme langsam über links aus und wieder ein …
- Fahre damit in deinem Atemrhythmus fort, bis du merkst, dass dein rechter Arm und/oder deine Aufmerksamkeit ermüden, mindestens aber 3 Minuten lang.
- Atme zum Schluss über links ein und über beide Nasengänge aus.
- Verweile noch ein wenig in einer entspannten Wahrnehmung deines Geistes- und Gemütszustands, der sich durchs Üben eingestellt hat.

5

Yantras als Stützen der Meditation

»Yantras sind bildliche Darstellungen des Kosmos in seiner ursprünglichen Ganzheit.«
Madhu Khanna

Manche Menschen, die meditieren lernen wollen, kämpfen immer wieder damit, dass – kaum haben sie sich hingesetzt und die Augen geschlossen – ihr Geist verträumt und schläfrig wird. Diese Menschen erfahren ihren Geist weniger als zerstreut, sondern eher als zwischen dem Wach- und dem Schlafzustand hin und her schwankend, oder sie gleiten schnell in einen Dämmerzustand.

Da diese spezielle Problematik so lange bekannt ist, wie Menschen meditieren, wurden schon vor Jahrtausenden im Yoga sogenannte »Stützen der Meditation« ersonnen. Sie geben unserem Geist, wenn er sich aus dem alltäglichen Gedankenwirrwarr zurückzieht, eine Struktur vor. Diese hilft ihm, zuerst einmal den Weg aus dem chaotischen Treiben der Vrittis (Seite 32) hin zu einer Beruhigung und Stabilisierung des Geistes zu vollziehen. Damit sich der Geist dann nicht zu sehr entspannt und die Wirkungen der Schwerkraft auf unseren Körper nicht übermächtig werden, hilft die Visualisierung von inneren Stützen, zu denen auch die Yantras gehören.

Mittels Yantra das Einssein erfahren

Yantras (Stützen) sind Diagramme und geometrische Darstellungen. Es sind Meditationsbilder, die ein unverzichtbarer Bestandteil tantrischer Rituale sind, aber auch sehr häufig in der Meditationspraxis eingesetzt werden. Ihre starke Einbindung in einen rituellen Kontext zeigt sich im indischen Kulturraum deutlich in der sakralen Architektur, also im Aufbau der Tempel, der Altäre und Feuerstätten, an denen Menschen mit dem Göttlichen kommunizieren. Auch kennen wir Yantras als Meditationsbilder von tibetischen Thangkas und Sandbildern.

Im Verlauf der Jahrhunderte wurden die (oft überbordenden) religiösen Rituale zunehmend abstrakter gestaltet. Für Teile der Rituale, etwa für Opferhandlungen und Wandlungsprozesse, entwickelte man Symbole, um die äußerst komplexe spirituelle Praxis zu verdichten und in einem Bild zusammenzufassen – zum Beispiel den Prozess der Transzendierung des menschlichen Seins auf dem Weg zurück zum Absoluten. Passend zu dieser Entwicklung wurden die äußeren Rituale – also Handlungen wie das Opfern von Tieren, Öl, Milch usw. – zunehmend durch innere Rituale ersetzt. Das machte Tempel und Priester entbehrlich, denn wenn in der äußeren Welt das Abbild Gottes in einem Tempel angebetet wurde, so konnte man nun in der inneren Welt durch das Visualisieren eines Yantra den Ort erschaffen, an dem man dem Göttlichen in seinem eigenen Geist begegnen konnte.

Im Tantrismus wurde nach und nach für alle Aspekte des Göttlichen ein spezifisches Yantra entwickelt, das diesen bestimmten Aspekt ausdrückt und Eingeweihten durch die Ikonografie und Formgebung auch erkennbar macht. Das Yantra wurde dadurch zum Instrument, mittels dessen sich der Meditierende Schritt für Schritt Zugang zu einem Bewusstseinsraum verschaffen konnte, der ihm schließlich die Erfahrung der Einheit ermöglichte. Jedes Yantra soll den Geist zu diesem Zweck von außen nach innen führen und ihn dabei sammeln, beruhigen und verfeinern.

Dafür wurde ein bestimmter Aufbau der Yantras entwickelt, der im Großen und Ganzen einem erkennbaren Muster folgt. Die geometrischen Formen, deren sich die Yantras bedienen, sind in der Regel Dreiecke, Quadrate und Kreise, die alleine stehen oder die sich überlappen. Sie sind immer so angeordnet, dass sie deutlich einen Mittelpunkt – Bindu genannt – erkennen lassen und häufig rein optisch den Blick in diese Mitte ziehen und ihn dort halten.

Mit dem Dreieck-Yantra meditieren lernen

Viele Yantras sind sehr komplex, zum Beispiel das berühmte Sri Yantra (siehe Abbildung).

Ein dermaßen komplexer Aufbau ist zu Beginn nicht hilfreich, da das Erfassen des Yantras zu viel mentale Energie (Vrittis) aktivieren würde, was den Geist wieder unruhig werden ließe. Deswegen sind am Anfang ganz schlichte geometrische Figuren wie Kreis, Viereck oder Dreieck viel besser geeignet, um den Geist zu sammeln und zu stabilisieren.

Ich wähle für die folgenden Meditationsübungen das Dreieck, weil ihm auch eine sehr kraftvolle symbolische Bedeutung beigemessen wird. Außerdem lässt sich das Dreieck sehr gut sinnlich erfahren, da sich die Form unseres Körpers im Meditationssitz perfekt in verschiedene Dreiecke einfügen lässt.

Das Sitz-Dreieck

Wenn wir mit gekreuzten Beinen sitzen, zeigt unsere Basis die Form eines liegenden Dreiecks. Es hat zwei seiner Spitzen jeweils etwas vor dem linken und dem rechten Knie. Die dritte Spitze befindet sich ungefähr eine Handbreit hinter dem Kreuzbein. Die Meditation über ein Dreieck als Grundlage des Sitzes vermittelt uns für unsere Sitzhaltung Struktur und Stabilität.

Das Dreieck Shivas

Ein weiteres Dreieck gibt die Form unseres Körpers vor, und zwar eines, das mit der Spitze nach oben weist. Dieses Dreieck wird in der Ikonografie Shiva zugeordnet. Es symbolisiert die Kraft, die aufsteigt – die Kraft der Transformation. In der Meditation wird eine Visualisierung dieser Form oft als etwas erfahren, das die Energie nach oben zieht. Das ist gut, denn damit wirkt diese Form der Tendenz entgegen, im stillen Sitz dumpf oder träge zu werden. Das Dreieck mit der nach oben weisenden Spitze gibt dem Körper einen Rahmen, was besonders diejenigen schnell schätzen lernen werden, die zu schwanken beginnen, sobald sie für eine Weile die Augen geschlossen halten. Die Ausrichtung dieses Dreiecks nach oben gilt auch als Ausdruck der Kraft und Entschlossenheit, den Yogaweg zu gehen.

Die innere Achse hält das Dreieck

Sehr hilfreich ist es, dieses Dreieck mit der Erfahrung der eigenen inneren Achse zu verbinden. Sie hält dann von innen heraus die Spitze des Dreiecks und steht im inneren Raum solide und doch biegsam wie ein Mast. Diese Visualisierung vermindert deutlich die »Arbeit«, sich über einen längeren Zeitraum im Sitzen aufrecht zu halten, denn wir werden ja gewissermaßen von dieser Achse/diesem Mast stabilisiert.

Das Dreieck Shaktis

Ein weiteres Dreieck, das wir in unserem Körper visualisieren können, weist mit der Spitze nach unten. Es gleicht einem großen Trichter, über den sich die Energie des Himmels bzw. das Bewusstsein (Shiva) in uns ergießt. So wird der Mensch, der meditiert, zu einem Empfangenden, denn diese Form verbindet uns mit der weiblichen Energie, der Shakti. Dieses Dreieck vermittelt in der Regel die Empfindung, »angeschlossen« zu sein. Es gibt uns zudem ein Gefühl von Offenheit und Weite, die aber an der Basis des Körpers wieder »auf den Punkt« (nämlich die Spitze des Dreiecks) kommt, sodass keine Gefahr besteht, dass wir uns verlieren.

Die Verbindung der Dreiecke

Wenn wir sicher in der Visualisierung der einzelnen Dreiecke sind, können wir sie ineinanderschieben, sodass ein sechszackiger Stern entsteht. Dieses Yantra symbolisiert die Vereinigung Shaktis mit Shiva. Es ist außerdem das Symbol des Anahata-Chakras im Herzraum, sodass das Herz als die heile Mitte – in Form eines Punktes – in dieser Meditationsform erfahrbar wird.

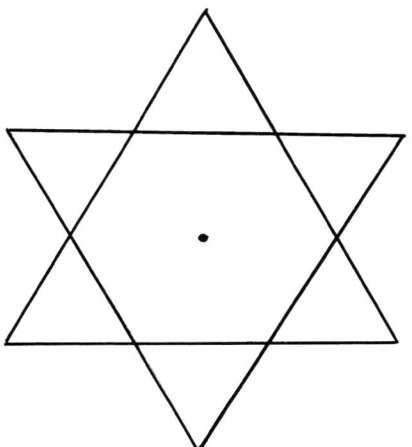

Die nachfolgenden Übungen nehmen diese geometrischen Formen als Meditationshilfe = Yantra auf.

Das Sitz-Dreieck erfahren

* Komm in einen aufrechten Sitz mit gekreuzten Beinen (also in Sukhasana, Muktasana, Ardha Padmasana usw.[35]), in dem du eine Weile stabil und mühelos verweilen kannst. Nimm dir bei Bedarf ein Sitzkissen oder -bänkchen.
* Spüre unter dir ein Dreieck, dessen Spitzen sich etwas vor deinen Knien und etwa eine Handbreit hinter deinem Kreuzbein befinden.
* Lass dich ganz bewusst auf der Fläche dieses Dreiecks nieder und verwurzle dich über die Gesamtheit dieser Fläche. Verbinde dich mit der ruhigen und stabilen Kraft der Erde und der Dreiecksfläche.
* Meditiere über diese Empfindungen.

---

35   Hierbei handelt es sich um die klassischen Meditationssitze, die in der Hatha-Yoga-Pradipika Erwähnung finden. Sie sind ausführlich erklärt in: Trökes, Anna: Das große Yogabuch, Gräfe und Unzer Verlag 2010.

Die innere Achse und das Shiva-Dreieck erfahren

- Komm in einen aufrechten Sitz mit gekreuzten Beinen, in dem du eine Weile stabil und mühelos verweilen kannst (Seite 52). Verwurzle dich in die Breite und Tiefe.
- Aus diesen Wurzeln lass nun deine innere Achse herauswachsen. Sie führt von der Mitte des Beckenbodens aus mitten durch den Becken-, Bauch- und Brustraum, durch den Hals und den Kopf zum Scheitelpunkt und darüber hinaus in den Raum oberhalb deines Kopfes.
- Spüre, wie die Achse dir Stabilität (Sthira) gibt, damit der Rest deines Körpers Leichtigkeit (Sukha) erfahren kann. Spüre, wie diese vertikale Achse dich von innen heraus aufrichtet.
- Denke dir rund um dich selbst ein Dreieck mit einer soliden breiten Basis, das sich nach oben verjüngt und damit nach oben zeigt und nach oben strebt.
- Füge dich ein in dieses Dreieck, spüre, wie es deine Körperkontur umgibt.
- Stell dir vor, dass deine innere Achse die obere Spitze des Dreiecks wie die Spitze eines Zeltes hält und trägt.
- Nimm den Halt wahr, den dein Körper in diesem Yantra des Dreiecks findet, und entspanne deinen Körper und deine Energie in den Rahmen dieser geometrischen Form.
- Verweile so. Meditiere über all die Empfindungen, die in dein Bewusstsein aufsteigen. Zwischendurch kehre immer wieder zu der Visualisierung zurück.
- Wenn du merkst, dass du zu schwanken und wanken beginnst, verbinde dich mit dem stabilisierenden und Halt gebenden Mast deiner inneren Achse.
- Lass dich mehr und mehr eingehen in dieses geometrische Bild: das Dreieck, das sich über die Wurzeln in die Erde gründet und oben mit der Spitze weit in den endlosen Raum des Himmels hinein strebt.
- Wenn du merkst, dass du zu ermüden beginnst, lass dieses innere Bild verblassen. Löse deine Sitzhaltung und komm in die Rücken- oder Bauchlage. Spüre eine Weile nach und nimm dann das innere Bild der Stabilität mit in deinen Tag.

Das Shakti-Dreieck erfahren

- Komm in einen aufrechten Sitz mit gekreuzten Beinen, in dem du eine Weile stabil und mühelos verweilen kannst (Seite 52). Lass dich ganz nieder, lass dich ankommen und spüre den Boden unter dir, der dich trägt.
- Verbinde dich über deinen Wurzelraum mit der nährenden Quelle des Lebens. Öffne dich ihr. Diese Erdkraft ist nicht nur außerhalb von dir, sondern sie ist auch das Nährende, Stabilisierende in dir selbst.
- Spüre deine innere Achse: Weil ihr Wesen und ihre Qualität Stabilität und Halt sind, ist sie der Erde verbunden, sie erwächst aus ihr wie eine Verlängerung der Erde in unseren Körper hinein. Gleichzeitig strebt sie aber auch dem Himmel zu und über den Scheitelpunkt in den Himmel hinein. Von ihrer Form her verweist sie auf die Verbindung Himmel/Erde – wie eine Röhre, ein Kanal, der eine große Stabilität hat und dich von innen heraus hält.
- Visualisiere nun das Dreieck, das sich nach oben öffnet.
- Stell dir vor, dass du dich über dein ganzes Schädeldach nach oben in die Weite ausdehnst. Öffne dich über den Scheitelpunkt ganz weit in den Raum oberhalb deiner selbst.
- Verbinde dich mit der Qualität, die dieser Raum hat: mit seiner Weite, seiner Luftigkeit, seinem Licht und seiner Stille.
- So wie der Erdpol ganz dicht und langsam schwingt, so schwingt dieser Pol oben, dieser Raum, ganz fein und schnell.
- Stell dir vor, dass sich dieses Dreieck in der Mitte deines Beckenbodens gründet und dass alles aus der Weite des Himmels dorthin einfließt, durch den Körper hindurch, sodass die Kraft des Himmels dich mit Weite, Leichtigkeit, Licht und Stille nährt.
- Meditiere eine Weile über dieses Bild der Weite, der Offenheit und des Lichts und erfahre die Stille. Bleibe gleichzeitig gut gegründet in deinem Erdpol, auf den die Spitze des Dreiecks hinweist.
- Wenn du merkst, dass du zu ermüden beginnst, lass dieses innere Bild verblassen, löse deine Sitzhaltung und komm in die Rücken- oder Bauchlage. Spüre eine Weile nach und nimm dann die Empfindung dieser Weite, Offenheit und des Lichts mit in deinen Tag.

Hinführung zur Meditation mit dem Yantra
»Doppeltes Dreieck Shiva/Shakti«

- Komm in einen aufrechten Sitz mit gekreuzten Beinen, in dem du eine Weile stabil und mühelos verweilen kannst (Seite 52). Lass dich ganz nieder, lass dich ankommen und spüre den Boden unter dir, der dich trägt.
- Sobald du merkst, dass du angekommen bist, verbinde dich zuerst mit deiner inneren vertikalen Achse. Lass sie aus der Tiefe der Erde heraus nach oben bis zum Scheitelpunkt wachsen – und darüber hinaus.
- Von dort – aus dem Raum oberhalb deines Kopfes – senke die Seiten des Dreiecks, das mit der Spitze nach oben weist, zum Boden. Verbinde sie unter dir mit einer waagerechten Linie, und füge dich in dieses Dreieck ein.
- Sei ganz bewusst über dein Becken und über alle Punkte deiner Basis mit der Energie der Erde verbunden, und spüre die ganze Kraft dieser sehr stabilen geometrischen Form. Dieses – die Energie Shivas symbolisierende – Dreieck ist so etwas wie dein innerer Weltenberg.
- Stell dir vor, auf ihm wie in Spiralen hochzulaufen. Stell dir vor, dass du immer weiter nach oben wanderst, bis du irgendwann auf der Spitze des Dreiecks stehst.
- Breite deine Arme aus, öffne dich dem Licht, lass es durch dich hindurchfließen, sodass alles, was unter dir ist, von ihm durchtränkt und befruchtet wird.
- Stell dich im Geiste so hin, dass deine Füße dicht beieinander stehen, dass du deine Arme streckst und du dich weit nach oben öffnest, in die Dehnung hinein. Bilde so das Dreieck, das sich mit seiner großen Fläche dem Himmel öffnet und dessen Spitze zur Erde weist. Werde zu dem Dreieck, das die Energie Shaktis symbolisiert.
- Spüre die Schwingung und die Energie des Himmels, so wie du vorhin die Energie der Erde gespürt hast. Öffne dich dieser Energie und seiner Schwingung.
- Bleibe über das Shakti-Dreieck nach oben hin ganz offen, ganz empfänglich. Bleibe gleichzeitig im Shiva-Dreieck ganz stabil. Es trägt die innere Achse (Sthira) in sich.

- Lass nun die beiden großen Pole sich in dir verbinden: Kraft und Empfänglichkeit, männlich und weiblich. Die Auflösung dieser Polaritäten geschieht in deinem Herzen.
- Verbinde dich immer wieder mit dem Halt gebenden Dreieck, das nach oben strebt, und mit dem Shakti-Dreieck, das nach unten strebt und nach oben empfangend und offen ist.
- Vergegenwärtige dir noch einmal die beiden Dreiecke – und dann lass dich in dein Herz hineinsinken, in die Mitte, in den Punkt, Bindu.
- Vielleicht kannst du spüren, wie dich die Zacken der beiden Dreiecke wie ein Stern umgeben, wie ein Stern, der von deinem Herz-Chakra ausstrahlt.
- Atme ein in dein Herz, und lass ausatmend deine Herzenergie in Form von Sanftmut ausströmen – wie ein Strahlenkranz um dich herum mit großer Leuchtkraft.
- Fahre noch eine Weile fort mit dieser Visualisierung der beiden ineinander verschränkten Dreiecke, ihrem Ausstrahlen und dem Punkt in der Mitte.
- Dann, nach dem nächsten Ausatem – ausgehend von deinem Herzen –, halte inne und werde dir allmählich wieder deines tatsächlichen Körpers gewahr.
- Vertiefe deine Atmung, löse deine Sitzhaltung. Lege die Sitzhilfen zur Seite und lass dich nieder in der Rückenlage oder in der Bauch- oder Seitenlage. Geh dem, was du gerade erfahren hast, noch mal nach und lass es in dir nachwirken.

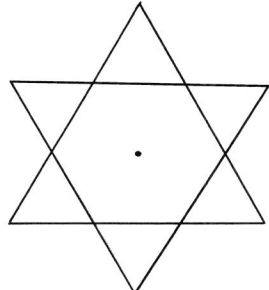

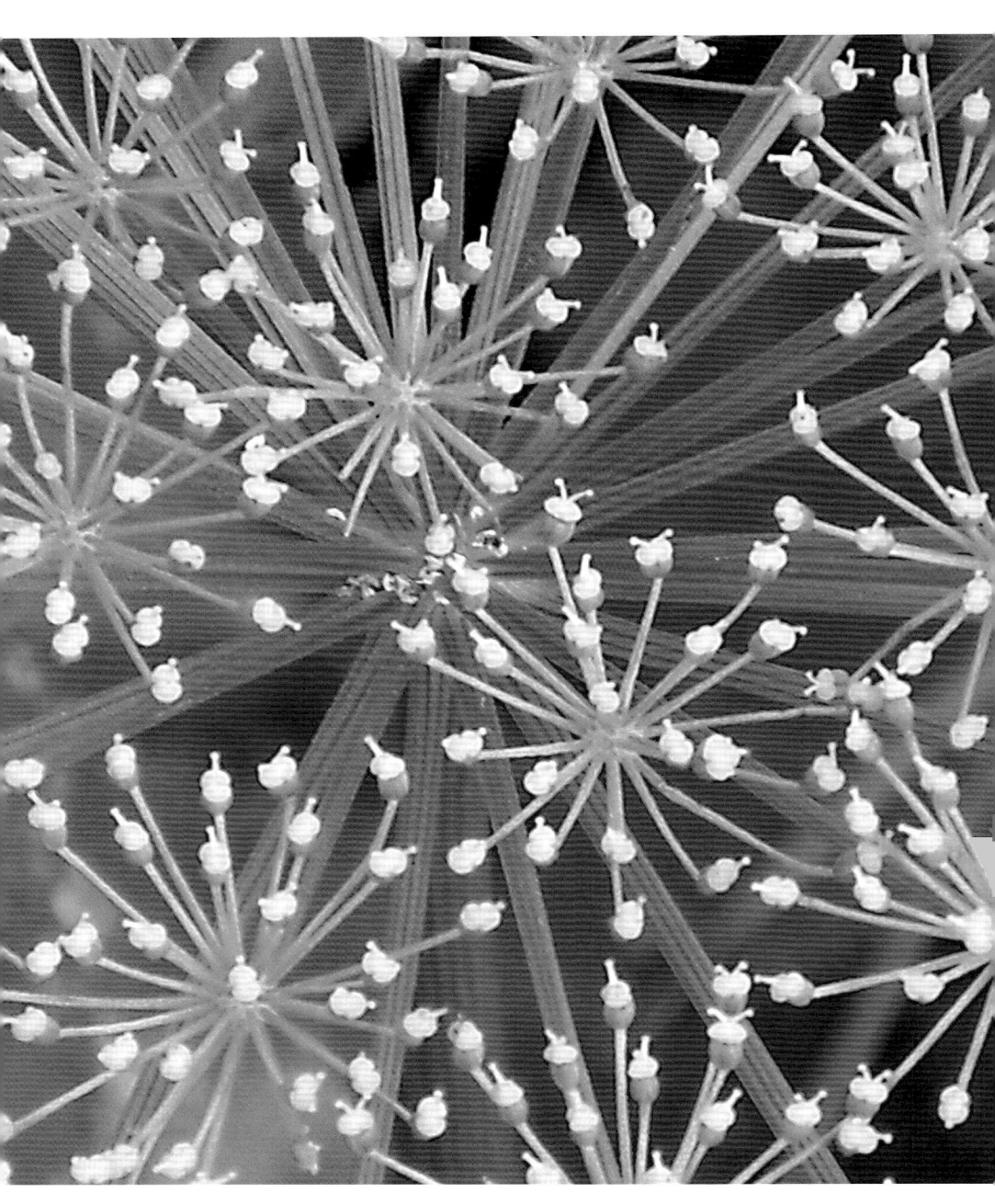

6

Sammlung und Weite – zwei sich ergänzende Wege in der Meditation

*»Wer die Weite nicht kennt,
mag nicht auf den Punkt kommen.«*
(Anonym)

Im letzten Kapitel habe ich die Yantras als Meditationshilfen einge-
führt. Mit der inneren Ausrichtung auf ihre Struktur wollen sie helfen,
den Geist daran zu hindern, wie gewohnt umherzuschweifen und sich
über die Sinne hierhin und dorthin mitreißen zu lassen.

Wenn wir meditieren lernen wollen, stellt dieser unruhige und unstete
Geist das größte Problem dar. Deshalb ist es sinnvoll, ihm zum Beispiel
mittels der Visualisierung eines Dreiecks eine Art Rahmen zu geben. Im
Rahmen eines Yantras kann er sich bewegen, indem er zum Beispiel die
Linien dieser geometrischen Figur in der Vorstellung entlangläuft oder
sich in das Dreieck oder die Dreiecke einfügt. Unser Geist kann sich
mit der energetischen Ausrichtung einer solchen geometrischen Form
im Raum befassen und sich zum Beispiel mittels des Dreiecks, dessen
Spitze nach unten zeigt, solide und stabil in der Erde gründen oder sich
mittels des Dreiecks, dessen Spitze nach oben weist, nach oben zum
Himmelspol und zum Licht tragen lassen.

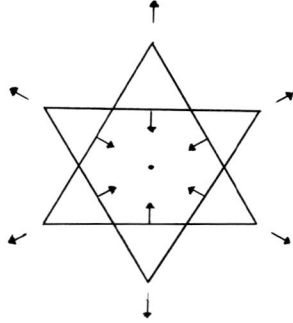

Wenn die Formen etwas komplexer werden wie bei den zwei ineinandergeschobenen Dreiecken, verändert sich aber auch die energetische Aussage der geometrischen Figur. Plötzlich »verlangt« das Innere der beiden Dreiecke nach einem Zentrum, nach einem Punkt als seiner Mitte. Meditiert man über die Form als solche, wird man feststellen, dass die sechs Zacken des Sterns, der durch das Verbinden der Dreiecke entstanden ist, in alle Richtungen des Raumes auseinanderstreben. Erst der Punkt in der Mitte ist es also, der unserem Geist hilft, sich zu zentrieren und zu sammeln – und damit zu der Stabilität zu finden, aus der Meditation entstehen kann.

Und so finden sich nun zwei neue Themen der Meditation: die der Sammlung des Geistes auf einen Punkt (Bindu) und – komplementär dazu – die Ausdehnung des Geistes in die Weite.

Bindu oder die Essenz der Sammlung

Bindu heißt Punkt und symbolisiert den punktkleinen Raum, in dem zu Anbeginn der Schöpfung alles noch vollkommen in sich eingefaltet lag, was je an Materie und Phänomenen entstehen, bestehen und vergehen würde. Im Bindu ruht – so sagen die Tantras (tantrische Texte) – das Potenzial der gesamten Schöpfung. Dieser Punkt hat eine ungeheure Dichte, denn er sammelt in sich die freie, feine Energie der Gedanken – aller Gedanken, die wir je gedacht haben, die wir gerade denken und noch denken werden – und saugt sie in sich auf.

Bindu befindet sich noch in unmittelbarer Nähe Shivas, der in den Tantras symbolisch für das reine Bewusstsein steht, und wird deshalb auch der »Ursprungspunkt« genannt – also der Punkt, aus dem alles Bewusstsein wie aus einer Quelle entspringt. Deshalb ist *Bija*, der Samen, ein Synonym für Bindu. Im Hatha-Yoga wird damit zumeist die Essenz des männlichen Samens bezeichnet, der als feinstofflicher Lebensnektar verstanden wird, denn auch in einem Samen ruht noch alles Potenzial unentfaltet. In den Meditationen über Bindu versuchen wir also, unser

Bewusstsein so weit einzufalten und so sehr in uns zurückzuziehen, dass es in den samengleichen Zustand zurückkehrt, in dem es sich der Quelle des reinen, durch keine Erfahrung und Prägung »befleckten« Bewusstseins (Shiva) vollkommen verbunden fühlt.

In den meisten Yogatraditionen wird Bindu in der Mitte der Stirn lokalisiert, denn dort befindet sich gemäß der yogischen Anatomie die Schale, in welcher der Lebensnektar verwahrt wird, der Soma, Amrita oder eben auch Bindu genannt wird. Häufig wird dieser Bereich in der Mitte der Stirn angesteuert, indem man die Augen nach innen und oben dreht und versucht, von innen her zur Mitte der Stirn zu schauen.

Das Stirn-Dreieck

Damit wir lernen können, uns auf den Bindu auszurichten und ihn während der Meditation ganz entspannt in der Wahrnehmung zu halten, ist es sehr hilfreich, uns zuerst ein Dreieck auf unserer Stirn vorzustellen, denn es gibt dem Punkt – und damit unserer Konzentration – einen Rahmen. Das Dreieck spannt sich zwischen drei Punkten auf:

- ➤ an der Mitte des Haaransatzes,
- ➤ in der Mitte der rechten Augenbraue und
- ➤ in der Mitte der linken Augenbraue.

In einer Konzentrationsübung, die der Meditation vorausgeht, wandern wir mit der Aufmerksamkeit zu diesen drei Punkten und verbinden sie dann mit Linien. Sobald wir die Linien und damit das Dreieck – meist nach relativer kurzer Zeit – gut spüren können, halten wir die Aufmerksamkeit im Inneren des Dreiecks und spüren seine Fläche.

Dann erspüren wir den Mittelpunkt dieser Fläche und lassen alle Bewegungen des Geistes (Gedanken, Gefühle, Erinnerungen, innere Bilder usw.) in diesen Mittelpunkt hineinströmen. Was dann übrig bleibt, ist nur noch der Punkt, der sich in unserer Empfindung oft etwas nach innen in den Stirnraum hineinzuwölben scheint. Sind wir in diesem Punkt angekommen, können wir unseren Geist entspannen, der nun im Bindu in einem Zustand gelöster Sammlung verweilt.

Bindu als Konzentrationspunkt etablieren

- Komm in einen aufrechten Sitz mit gekreuzten Beinen, in dem du eine Weile stabil und mühelos verweilen kannst (Seite 52). Verwurzle dich in die Breite und Tiefe.
- Aus diesen Wurzeln lass nun deine innere Achse herauswachsen. Sie führt von der Mitte des Beckenbodens aus mitten durch den Becken-, Bauch- und Brustraum, durch den Hals und den Kopf zum Scheitelpunkt und darüber hinaus in den Raum oberhalb deines Kopfes.
- Spüre, wie die Achse dir Stabilität (Sthira) gibt, damit der Rest deines Körpers Leichtigkeit (Sukha) erfahren kann. Spüre, wie diese vertikale Achse dich von innen heraus aufrichtet.
- Ziehe dann deine Aufmerksamkeit auf den Stirnbereich zurück. Entspanne den Raum oberhalb deiner Augenbrauen in seiner gesamten Breite, Tiefe und Höhe.
- Spüre zur Mitte deiner linken Augenbraue. Berühre eine kleine Weile diesen Punkt mit der Zeigefingerkuppe und massiere ihn ganz leicht und sanft, bis du ihn deutlich wahrnimmst.
- Wiederhole das gleiche mit dem Punkt in der Mitte der rechten Augenbraue.
- Wiederhole das mit dem Punkt in der Mitte des Haaransatzes (dort, wo er sich üblicherweise befindet).
- Verbinde dann die drei Punkte, indem du mit der Fingerkuppe mehrmals entlang der Linien streichst, die das Stirn-Dreieck bilden.
- Lass dann die Hand sinken. Wandere nun einige Male im Geiste entlang der Linien des Dreiecks, sodass es immer deutlicher in deiner Wahrnehmung wird.
- Halte damit inne und meditiere nun über die Form des Stirn-Dreiecks: die Linien, die es begrenzen, und seine Fläche.
- Stell dir dann vor, wie die gesamte mentale Energie, mit der du das Stirn-Dreieck hältst, in seine Mitte strömt, als wäre dort eine kleine Mulde.
- Verweile in deiner Sammlung auf die Mitte der Stirn – auf Bindu – in äußerster Gelöstheit. Schaue eventuell mit deinem inneren Blick entspannt nach oben und innen.

- Verweile so in der Erfahrung des Bindu. Werde dir bewusst, dass du dich über diesen Punkt, diesen Samen mit dem Ursprung deines Da-Seins verbinden kannst.
- Wenn du merkst, dass es an der Zeit ist, diese Meditationsübung zu beenden, dann entspanne deinen Geist zuerst wieder in die Fläche des Stirn-Dreiecks. Löse dann diese Form auf und entspanne dich in die gesamte Weite und Tiefe deines Stirnraumes.
- Vertiefe dann deinen Atem, bis du dich bereit fühlst, die Augen wieder zu öffnen.

Sobald du die Erfahrung des Bindu in deiner Wahrnehmung verankert hast, kannst du die Hinführung über das Stirn-Dreieck wieder vergessen und ihn künftig immer direkt ansteuern. Dazu reicht es oft schon, den Blick bei geschlossenen Augen ganz leicht und entspannt (!) nach oben und innen auszurichten. So kannst du einüben, deinen zerstreuten Geist durch die Sammlung auf den Punkt schnell und effektiv einzufangen und seine Aktivitäten zu bündeln. Sobald das besser gelingt, fahre mit der nächsten Übung fort.

Den Bindu pulsierend erfahren

- Komm in einen aufrechten Sitz mit gekreuzten Beinen, in dem du eine Weile stabil und mühelos verweilen kannst (Seite 52). Verwurzle dich in die Breite und Tiefe.
- Aus diesen Wurzeln lass nun deine innere Achse herauswachsen.
- Spüre, wie die Achse dir Stabilität (Sthira) gibt, damit der Rest deines Körpers Leichtigkeit (Sukha) erfahren kann.
- Spüre, wie diese vertikale Achse dich von innen heraus aufrichtet.
- Zieh dann deine Aufmerksamkeit in den Stirnbereich zurück. Entspanne den Raum oberhalb deiner Augenbrauen in seiner gesamten Breite, Tiefe und Höhe.
- Sammle deine Aufmerksamkeit in der Mitte der Stirn auf den Bindu.
- Lass diesen Punkt im Rhythmus deines Atems pulsieren: Stell dir vor, dass er sich zusammenzieht, wenn du einatmest, und sich ganz leicht ausdehnt, wenn du ausatmest.

- Fahr damit fort und lass dabei allmählich das Pulsieren immer kleiner und feiner werden, bis du es fast nicht mehr spürst.
- Meditiere nun über die ganz feine Schwingung des Pulsierens in der Mitte deiner Stirn und entspanne dabei deinen Geist immer tiefer.
- Wenn du merkst, dass es an der Zeit ist, diese Meditationsübung zu beenden, entspanne deinen Geist nach und nach wieder in die gesamte Weite und Tiefe deines Stirnraumes.
- Vertiefe dann deinen Atem, bis du dich bereit fühlst, die Augen wieder zu öffnen.

Die Erfahrung der Weite

Nach dieser Erfahrung der Sammlung können wir beginnen, den Geist in die Weite des Raumes hinein zu entspannen und dann die Erfahrung der Weite zum Meditationsgegenstand werden zu lassen. Erst wenn wir die Sammlung und das Verweilen darin eingeübt haben, kann unser Geist auch dann, wenn er sich der Weite öffnet, still und stabil bleiben. Üben wir dagegen zu früh, uns mit der Weite des Raumes zu verbinden, dann werden entweder die Bewegungen des Geistes (Vrittis) sehr aktiv, sodass wir sie als regelrecht entfesselt erfahren, oder wir spüren plötzlich Angst vor der Endlosigkeit und Leere dieser Weite, wodurch die frei strömende Energie sich schlagartig wieder zusammenzieht.

Die Übungen mit den Dreiecken (Seite 75) und mit Bindu (Seite 84) sowie die am Beginn der Meditation immer wiederholte Visualisierung der Wurzeln und der inneren Achse schenken unserem Geist zunehmend Ruhe und Stabilität. Die braucht er, um den Mut zu fassen, sich in die unfassbare Weite des Raumes oberhalb des Kopfes aufzulösen.

Solltest du merken, dass die Empfindung des Auflösens dir unangenehm oder unheimlich ist, übe erst einmal weiter nur mit den Dreiecken und mit Bindu als Meditationsgegenstand.

Die Weite erfahren

- Komm in einen aufrechten Sitz mit gekreuzten Beinen, in dem du eine Weile stabil und mühelos verweilen kannst (Seite 52). Verwurzle dich in die Breite und Tiefe.
- Aus diesen Wurzeln lass nun deine innere Achse herauswachsen. Sie führt von der Mitte des Beckenbodens aus mitten durch den Becken-, Bauch- und Brustraum, durch den Hals und den Kopf zum Scheitelpunkt und darüber hinaus in den Raum oberhalb deines Kopfes.
- Spüre, wie die Achse dir Stabilität (Sthira) gibt, damit der Rest deines Körpers Leichtigkeit (Sukha) erfahren kann. Spüre, wie diese vertikale Achse dich von innen heraus aufrichtet und hält.
- Wandere einige Male entlang dieser inneren Achse: Sammle dich einatmend im Bereich deiner Wurzeln und verbinde dich mit der ruhigen, stabilen Kraft der Erde. Lass sie ausatmend aufsteigen bis in den Raum oberhalb deines Kopfes.
- Fahre damit fort und entspanne dich jedes Mal am Ende des Ausatmens etwas weiter in die Weite dieses Raumes hinein.
- Verweile schließlich in der Wahrnehmung dieser Weite und Formlosigkeit. Bleibe mit einem Teil deiner Wahrnehmung unten in deinen Wurzeln und deinem Körper verankert, damit du deinen Geist mehr und mehr in die Weite auflösen kannst.
- Wenn du merkst, dass du diese Übung beenden möchtest, ziehe dich mit deiner Wahrnehmung zum Scheitelpunkt zurück.
- Atme die Weite ein, und lass sie ausatmend über die vertikale Achse in deinen Körper einströmen. Wiederhole das so oft, bis du dich bereit fühlst, deine Augen wieder zu öffnen.

Versuche, sowohl die Empfindung der Sammlung und Zentrierung als auch die Empfindung der Weite mit in deinen Alltag zu nehmen. Beide Kräfte werden dich unterstützen, den vielfältigen Anforderungen des Alltags besser standhalten zu können.

7

Mudras als Weg zur Meditation

»Nichts gibt es auf dem Erdenrund,
das der Mudra gleich zum Gelingen (des Yoga) führt.«
Gheranda Samhita[36]

Es gibt zwei Wortbedeutungen für *Mudra*. Zum einen die wörtliche, welche die Bedeutung »Siegel« hat. Damit wären Mudras äußere – vor allem aber innere – Haltungen, mit denen ein Yogazustand wie Umkehr (Viparita Karani Mudra, Seite 182) oder innerer Frieden (Shambhavi Mudra, Seite 181) erfahrbar gemacht und ausgedrückt wird. Die zweite Wortbedeutung entsteht – wie so oft im Tantrismus – aus einer mystischen Etymologie. Hierbei wird Mudra hergeleitet von der Wurzel *mud*, »sich an etwas freuen, froh sein«. Wenn wir von dieser Übersetzung ausgehen, wird Mudra also als eine Übung, eine Erfahrung und eine innere Haltung angesehen, die uns in eine solche freudige Verfassung führen möchte. Mudra ist das, »was Freude macht«.

Unter Mudra versteht man heute vor allem Handgesten (Hasta Mudra). Man nimmt an, dass solche Finger-Mudras schon seit der Zeit der Veden bekannt sind (sie werden hier allerdings nicht Thema sein). Erst sehr viel später wurden die Mudras – im Kontext der Energie-/Prana-Konzepte des Tantrismus – zu Körper- und Bewusstseinsübungen aus-

---

36 Aus: Das indische Yoga-Lehrbuch Gheranda Samhita. Übersetzt u. kommentiert von Peter Thomi, Institut für Indologie, Wichtrach 2006.

gestaltet, als Herzstück der Hatha-Yogapraxis. Dabei wandelten sich die Mudras von Handgesten zu Gesten des Körpers oder zu inneren Gesten. Sie wurden so zu einem »Werkzeug«, um den speziellen energetischen inneren Raum zu erschaffen, in dem Meditation entstehen kann.

Mudras – das Herzstück des Hatha-Yoga

Meiner Ansicht nach stehen die Mudras in ihrer Gesamtheit im Mittelpunkt des Hatha-Yoga. Sie sind auf jeden Fall der Bereich, der am sorgfältigsten ausgestaltet worden ist und dem auch in den Quellentexten die meisten Verse gewidmet wurden. Allein Khecari Mudra wird in der Hatha-Yoga-Pradipika mit 23 Versen im dritten Kapitel und 29 Versen im vierten Kapitel behandelt (IV,35–64). Die 15 Asanas sind dagegen in nur 37 Versen abgehandelt, wodurch ihr Stellenwert – und das Verhältnis von Mudra zu Asana – deutlich klargestellt wurde.

Erwachen des Bewusstseins

Die meisten Mudras des Hatha-Yoga können so tiefgreifende Erfahrungen ermöglichen, dass die normalen Aktivitäten des Geistes völlig zum Erliegen kommen. Das, was erfahren werden soll, ist die Transformation der Energie, wenn das in uns ruhende Bewusstseinspotenzial, die Kundalini (die Eingerollte), erwacht und zur aktiven Bewusstseinsenergie, der Prana Shakti, wird.

Dieses Konzept hängt eng mit dem Schöpfungsmythos des Tantrismus zusammen, der besagt, dass sich die gesamte Schöpfung (Shakti) aus dem reinen Bewusstsein (Shiva) entwickelt hat. In diesem Prozess verbindet sich das Bewusstsein immer weiter mit Materie – durch alle Tattvas[37] bis hin zum Element Erde –, und das Wissen über den eige-

---

37   Tattvas sind die Elemente, aus denen sich alles, was je erschaffen wurde, in jeweils etwas unterschiedlicher Weise zusammensetzt. Es gibt feinstoffliche Tattvas wie den Geist, das Ich-Gefühl oder die Sinne, aber auch die Elemente Erde, Wasser, Feuer, Luft und Äther, aus denen sich unser Körper zusammensetzt.

nen Ursprung wird immer mehr verdeckt. Dadurch dass das Bewusstsein viele Hüllen von Materie um sich gelegt hat, ist es eingeengt und
begrenzt. Deswegen spricht man im Tantra davon, dass das Wissen um
die Quelle und den Ursprung des Seins nun als Potenzial in den Menschen ruht bzw. schläft. Ohne eine spirituelle Praxis bleibt es ein Leben
lang in diesem Zustand.

Die tantrische Übungspraxis ist nun ganz darauf ausgerichtet, die
Materie, die wir sind, wieder mit Bewusstsein zu erfüllen. Die Asanas
lassen uns das Wunder unseres Körpers erfahren, die Pranayamas das
Wunder des ewig strömenden Atems. Die Mudras sind die Mittel, die
uns helfen, die uns innewohnende Lebensenergie Prana als nährende
und intelligente Kraft zu erfahren und zu ehren.

Den Zustand der Einheit erfahren

Die Mudras sollen ermöglichen, dass der Prana aufsteigt, wodurch die
Materie sich zunehmend wieder vergeistigt. Der Aufstieg geschieht in
einem »mittleren Kanal« (Sushumna Nadi), einem feinstofflichen Energiegefäß, das in der Mitte unserer Wirbelsäule angenommen wird. Es
heißt, dass unsere Wahrnehmung durch diesen Aufstieg in Regionen
vorstößt, die ihr im Alltag verschlossen sind oder die sie höchstens mo-
mentweise erahnt hat. Die Quellentexte drücken das so aus, dass das linke und das rechte Energiegefäß »sterben« sollen: die linke Nadi Ida und
die rechte Nadi Pingala, welche die Polarität der Welt und ihrer Subjekt-
Objekt-Beziehungen symbolisieren. Aus diesem Tod der Polarität wird
ein neues Bewusstsein geboren: das Gewahrwerden der Einheit und damit des Nicht-Getrenntseins des Selbst vom Absoluten – jenseits jeder
Form, zeitlos und bedingungslos.

Im Zustand von Mudra verschmelzen Bewusstsein und Energie in
einer mystischen Hochzeit. Das erwachte Bewusstsein verbindet sich
mit der Materie, und es entsteht ein Bewusstsein, dass sich nun klar und
wahrnehmbar durch die Materie (etwa eines menschlichen Körpers)
ausdrückt. Diese Bewusstseinsenergie wird durch Freude und Glückseligkeit erfahrbar, die ihren Grund fortwährend aus sich selbst schöpft,
also keiner äußeren Anregung bedarf, weil sie sich selbst genug ist.

Die Mudras einüben

Da das Üben der Mudras so starke innere Erfahrungen ermöglicht, eignet es sich besonders gut dazu, den Zustand der Meditation vorzubereiten und ihn zu halten, ohne dass der Geist dämmrig wird. Was uns die Mudras erfahren lassen, ist einfach ein grandioser, wahrhafter Zustand des Da-Seins. Nicht mehr – und nicht weniger!

In der Hatha-Yoga-Pradipika tauchen Mudras im dritten und im vierten Kapitel auf. Die für die Meditation interessanten Mudras finden sich im vierten Kapitel, das die Erlangung des Zustands der Einheit (Samadhi) zum Thema hat. Es sind Shambhavi Mudra, Taraka Mudra und – gewissermaßen als Königsweg zu Samadhi – Khecari Mudra. Diese drei möchte ich nun vorstellen. Die Übungsanweisungen sind eine mögliche Umsetzung und schrittweise Annäherung an die in den Quellentexten beschriebene Technik der Mudras.

Hinweis zur Übungspraxis

Damit du wirklich Erfahrungen mit der inneren Ausrichtung und Wirkkraft dieser Mudras machen kannst, solltest du sie unbedingt über einen Zeitraum von mindestens sechs Wochen kontinuierlich üben.

Shambhavi Mudra

Der Name dieser Mudra bezieht sich auf Shambhu (der Segensreiche, der Friedvolle), einen Beinamen Shivas. Der Quellentext der Hatha-Yoga-Pradipika gibt genaue Anweisungen über Ausführung und Ziel dieser Mudra.

»Während der Geist und der Atem des yogin ständig durch die Konzentration auf einen inneren Ort (antarlaksya) absorbiert sind und der Blick stetig nach außen gerichtet ist, schauend, ohne zu sehen, dann ist das shambhavi mudra. Wenn sie durch die Gnade des Guru erreicht wird, scheint die höchste Wirklichkeit Shambhus auf, die gleichermaßen die Leere (shunya) wie die Nicht-Leere (ashunya) übersteigt.« (Hatha-Yoga-Pradipika IV,37) Im folgenden Vers heißt es, dass in Shambhavi Mudra »die Glückseligkeit der citta (des Geistes) aufscheint, der sich in

die Leere aufgelöst hat, deren Natur die dem reinen Bewusstsein innewohnende Freude ist« (IV,38)[38].

- Komm in einen aufrechten und bequemen Sitz deiner Wahl.
- Schließe die Augen und entspanne deinen Blick hinter den geschlossenen Lidern, indem du alle Anspannung in den Muskeln, die die
  Augen ausrichten, löst.
- Spüre in deinen inneren Raum hinein und finde dort einen Ort, an
  dem du die Aufmerksamkeit fixieren möchtest. Wähle dazu den Wurzelraum (Muladhara Chakra) oder den Herzraum (Anahata Chakra).
- Sobald deine Wahrnehmung an dem Ort deiner Wahl stabil geworden
  ist, öffne die Augen halb. Lass die Augen weiterhin ganz entspannt,
  sodass dein Blick diffus bleibt, während du nach außen schaust – ohne
  zu sehen.
- Verweile so, (möglichst) ohne zu blinzeln, und versuche, die innere
  Wahrnehmung stabil und dennoch entspannt zu halten, während du
  den großen Sinneskanal des Sehens nach außen geöffnet hältst.
- Übe so allmählich die Erfahrung ein, »in dieser Welt – und doch nicht
  von dieser Welt« zu sein.
- Wenn es für dich an der Zeit ist, diese Übung zu beenden, dann
  schließe die Augen wieder. Verweile ganz gelöst in der Wahrnehmung
  der Empfindungen deines inneren Raumes und deines Stirnraumes.

Anmerkung: Wenn du zu den Menschen gehörst, die sehr empfänglich
für die geistige Welt sind, aber Mühe haben, sich in dieser Welt zu ver-
wurzeln, dann wähle den Wurzelraum als deinen »inneren Ort« (Antarlaksya). Diese mentale »Ankerung« verhindert, dass du »entschwebst«
und dann eventuell nur mühevoll in deinen Körper zurückfindest.

---

38 Beides zitiert nach: Hatha-Yoga-Pradipika, a. a. O., S. 46.

Taraka Mudra

»Man lasse die Augen sich leicht nach oben verdrehen, hebe etwas die Brauen und fixiere seine Achtsamkeit wie in der vorher beschriebenen Mudra (Shambhavi); das ruft sofort den Zustand hervor, der den Geist übersteigt (Unmani). Die Augen halb geöffnet, den Geist stabil, fixiere man den Blick auf die Nasenspitze (auf den Bereich zwischen den Augenbrauen). Dann bewege man sich langsam entlang der nadis ida und pingala nach unten und visualisiere die höchste Wirklichkeit als hell strahlendes Licht. Dadurch erreicht man den höchsten Zustand des Selbst (Tattva), jenseits allem Erschaffenen. Was soll man da noch sagen?« (Hatha-Yoga-Pradipika IV,39/41)[39]

- Komm in einen aufrechten und bequemen Sitz deiner Wahl.
- Schließe die Augen und entspanne deinen Blick hinter den geschlossenen Lidern, indem du alle Anspannung in den Muskeln, die die Augen ausrichten, löst.
- Spüre in deinen inneren Raum hinein, und fixiere die Aufmerksamkeit auf die Wahrnehmung, die du vom Verlauf der energetischen Kanäle (Nadis) hast, die links und rechts neben deiner Wirbelsäule verlaufen, bzw. des mittleren Kanals (Susumna) im Inneren deiner Wirbelsäule.
- Öffne nun die Augen halb und drehe sie etwas nach oben, wodurch sich automatisch deine Augenbrauen etwas heben werden. Lass die Augen weiterhin ganz entspannt, sodass dein Blick diffus bleibt, während du nach oben schaust, ohne zu sehen.
- Verweile so, (möglichst) ohne zu blinzeln, und versuche, die innere Wahrnehmung stabil und dennoch ganz entspannt zu halten (da man schnell Kopfschmerzen bekommt, wenn man sich zu sehr anstrengt!).
- Wenn es für dich an der Zeit ist, diese Übung zu verlassen, dann schließe die Augen wieder und verweile ganz gelöst in der Wahrnehmung der Empfindungen deines inneren Raumes und deines Stirnraumes.

---

39   Beides zitiert nach: Hatha-Yoga-Pradipika, a. a. O., S. 46/47.

Die Nadis winden sich spiralförmig um unsere innere Achse
und überkreuzen sich rund um die Chakras.

Khecari Mudra

Khecari kommt von den Wurzeln *kha* = (Äther-)Raum und *car* = sich bewegen. Es ist die Mudra des Yogis/der Yogini, »der/die im Himmel wandert«. Sie wird als die wichtigste Mudra im Tantrismus und im Hatha-Yoga angesehen – die Yoga-Kundalini-Upanishad entwickelt um sie herum sogar eine »Wissenschaft des Khecari« (Khecari Vidya). Das erste Mal wird Khecari schon in der Maitrayani Upanishad erwähnt[40].

---

40 Die Maitrayani Upanishad ist eine der jüngeren Yoga-Upanishaden, einer Sammlung philosophischer Schriften des Hinduismus. Sie entstand ungefähr im 4. Jh. v. Chr., also viel früher als die Hatha-Texte.

Die Quellentexte beschreiben zumeist sowohl einen technischen als auch einen mystischen Aspekt dieser Mudra. Im dritten Kapitel der Hatha-Yoga-Pradipika wird die Technik ausführlich erläutert, die verlangt, dass sich der Yogi allmählich sein Zungenbändchen durchschneidet, bis er dadurch in der Lage ist, seine Zungenspitze ganz weit nach hinten und oben in den Rachen zu schieben.

Zweierlei Wirkungen werden diesem Tun zugeschrieben: Zum einen soll der Yogi/die Yogini in die Lage versetzt werden, mit seiner/ihrer »langen Zunge« von innen her die Nase zu verschließen. Zum anderen soll der Mondnektar, der gemäß der mythischen Physiologie des Hatha-Yoga oberhalb des Gaumens gespeichert wird, vollständig zurückgehalten werden. Sicher ist diese traditionelle Praxis, welche die »Zunge im Himmel wandern lässt« (siehe Wortbedeutung), für die Meditation nicht so wesentlich. Was für sie interessant sein kann, ist, dass dieses Nach-oben-Biegen der Zunge solch eine ungewohnte Anstrengung darstellt und solch ein hohes Maß an Konzentration erfordert, dass der Geist dabei vollständig ausgeschaltet wird.

Im vierten Kapitel der Hatha-Yoga-Pradipika geht es dann mehr um die mystischen Aspekte dieser Mudra. Die folgende Anleitung wird eine Annäherung an die äußerst komplexe Technik dieser Mudra versuchen – und zwar vor allem unter dem Gesichtspunkt, dass sie den Zustand der Meditation ermöglichen soll.

Tipp: Ein wesentlicher Bestandteil dieser Mudra ist die auf ungewohnte Weise nach hinten und oben zurückgebogene Zunge, die am Gaumen fixiert wird. Damit du das über einen längeren Zeitraum halten kannst – und zwar so entspannt und gelöst, dass Meditation möglich wird –, solltest du deine Zunge unbedingt eine Weile entsprechend trainieren.

- Komm in einen aufrechten und bequemen Sitz deiner Wahl.
- Schließe die Augen und entspanne sie hinter den geschlossenen Lidern.
- Lass dein Gesicht ganz ausdrucksleer werden.
- Dann entspanne deinen Mundboden und lass den Unterkiefer in die »Hauttasche« des Kinns sinken. Entspanne vor allem die Zunge bis hinunter zur Zungenwurzel im Bereich der Kehle.
- Entspanne den Stirnraum und damit den Geist.
- Lass dich immer mehr in diesen gelösten, verinnerlichten Zustand hineinsinken.
- Führe dann langsam und behutsam deine Zungenspitze am oberen Gaumen so weit nach hinten, wie es dir möglich ist, ohne dass sich die Zunge verkrampft.
- Richte deinen inneren Blick entspannt nach hinten zur Mitte des Schädels (das ist dort, wo du diese Mitte wahrnimmst).
- Denke dir deinen Schädel von seinem Mittelpunkt aus nach oben weit und durchlässig und entspanne in den unendlichen Raum oberhalb des Schädels.
- Verschmilz zunehmend mit den Empfindungen, die auftauchen, und lass dich von ihnen in den Raum ohne Form, ohne Anfang und Ende hineingeleiten. Verweile so, solange deine Zunge es dir erlaubt.
- Löse dann zuerst ganz langsam die Zunge und lege sie breit und schwer zurück auf den Mundboden.
- Kehre ganz allmählich aus dem Zustand jenseits der Polarität zurück, in den diese Übung dich geführt hat.
- Nimm dir ausreichend Zeit, um alles nachwirken zu lassen, bevor du die Augen wieder öffnest und deine Sitzhaltung auflöst.

8

Meditationen über das Herz und den Herzraum

»Meditation auf unser Herz
wird uns die Natur unseres Geistes enthüllen.«
Yoga-Sutra 3.34[41]

Der Herzraum steht im Yoga von jeher im Mittelpunkt der Meditationspraxis. Die Meister des Yoga entwickelten eine außerordentliche Beobachtungsgabe für alles, was im Menschen vorgeht – so konnte es ihnen nicht verborgen bleiben, dass wir eher dann zu förderlichen und heilsamen Meinungen, Sichtweisen und Entscheidungen finden, wenn wir weniger unseren Verstand als vielmehr unser Herz befragen. Während unser Verstand eher analytisch veranlagt ist und dazu neigt, das Trennende zu sehen und die Zweifel zu nähren, neigt das Herz stattdessen eher zur Zusammenschau und dazu, Vertrauen und Hoffnung zu nähren. Wenn also der Verstand uns eher von der Einheit wegführt, führt uns das Herz zu ihr hin.

»Hrid (das Herz) ist der Ort, an dem alles miteinander verschmilzt: links und rechts, oben und unten, vorne und hinten, weiblich und männlich, Stärke und Empfänglichkeit. Es ist der Ort, an dem Himmel und Erde aufeinandertreffen und der Geist Form annimmt und die Materie

---

41 In der Übersetzung von Desikachar, a. a. O., S. 121.

sich mit dem reinen – nicht wertenden – Geist verbindet. Es ist zwar ein spezieller Raum, gleich einer Quelle, aus der Körper und Geist sich nähren, wird jedoch wahrgenommen nur als eine dem Körper Leben spendende Selbstverständlichkeit und damit als etwas ganz Natürliches.«[42] Mit dieser Beobachtung lädt uns der Yogameister Mark Whitwell ein, unser Herz – das so viel mehr kann, als nur unablässig und verlässlich das Blut durch unsere Adern zu pumpen – als Symbol für die dem pulsierenden Leben verbundene Kraft in uns zu ehren.

Der Ort der Verschmelzung

Das geometrische Symbol (das Yantra) des Herz-Chakras zeigt zwei ineinander geschobene Dreiecke mit einem Punkt in der Mitte. In den neutralen Raum dieses Mittelpunktes hinein lösen sich die Gegensätze bzw. die auseinanderstrebenden Energien auf, die das nach oben und das nach unten strebende Dreieck symbolisieren. Sie lösen sich auf, weil das Herz nur in der Lage ist, das Verbindende zu sehen, während es alles, was trennt, miteinander zu versöhnen sucht.

Mit den Augen des Herzens schauen

»Man sieht nur mit dem Herzen gut. Das Wesentliche ist für die Augen unsichtbar«, lässt Antoine de Saint-Exupéry den Fuchs zum kleinen Prinzen sagen – und trifft damit den Kern und das Wesen des Herzens.

Wenn wir jemanden mit den Augen des Herzens anschauen, dann werten und beurteilen wir nicht. Vielmehr können dann die vier heilsamen Qualitäten Maitri (Güte), Karuna (Mitgefühl), Mudita (Mitfreude) und Upeksha (Geduld, Fehlerfreundlichkeit) wirksam werden (Seite 38). Sie lenken unsere Wahrnehmung auf das Wesentliche: dass vor uns ein *Mensch* steht. Ein Mensch mit Licht- und Schattenseiten, mit Bedürfnissen, Sorgen und Nöten und mit seinem ganzen wunder-

---

42   Mark Whitwell: Yoga of Heart. Lantern 2004, S. 19 (übertragen ins Deutsche von Anna Trökes).

Yantra des Herz-Chakras
(aus Johari, Haresh: Das große Chakra-Buch. Bauer 1979)

vollen Potenzial. So eine Wahrnehmung gibt dem, der da gesehen wird, eine Chance. Er wird nicht mehr nur durch das Wirken der Prägungen (Samskaras), der wählenden Bewegungen des Geistes (Vritti) und durch die Leid erzeugenden Spannungen (Kleshas) wahrgenommen und beurteilt (besser vor-beurteilt), sondern er erfährt von dem Herzen des Wahrnehmenden eine wohlwollende, gütige, mitfühlende und fehlerfreundliche Wahrnehmung.

Das Herz ist auch in der Lage, den eigenen Geist zu beobachten und zu erkennen, wie er durch sein Wirken oft genug Leid erschafft. Das

Herz versteht den Geist und es begegnet auch ihm mit Güte und Mitgefühl. Es ist aber die einzige Instanz, die sich dem Geist nicht unterzuordnen braucht, da es – einzig und allein seiner Natur folgend – das
Wirken des Geistes durchschaut und sich über all dessen Einwände und
Bedenken und Zweifel hinwegzusetzen vermag.

Das innere Licht leuchten lassen

So finden wir im Yoga-Sutra – dort, wo es darum geht, wie wir unsere
inneren Hindernisse (Antarayas) überwinden können – gewissermaßen
als Abschluss und Krönung aller Strategien und Ratschläge des Patañjali: »Oder wir wenden uns dem Licht in unserem Herzen zu, das von
Leid unberührt ist.« (1.36)[43] Dieses Licht ist nämlich nicht nur von
Leid unberührt, sondern vielmehr in keiner Weise von Leid zu berühren. Dort, in der Höhle des Herzens, wo dieses Licht wohnt, wird im
Yoga der Raum gesehen, in der unser Selbst (unser Licht) wohnt. Dieses
Selbst ist ewig, durch nichts zu zerstören und in tiefem Einverständnis
und in Frieden.

Damit unser Herz seinem Wesen entsprechend sein Licht leuchten
lassen und »die Welt umarmen« kann, müssen wir in der Lage sein, es
zu entspannen. Und wir müssen all die (mentale) Vorarbeit leisten, die
es ihm erlaubt, seine Flügel auszubreiten und seine allumfassende Weite
zu verwirklichen. Deswegen ist es sinnvoll, alle Herz-Meditationen mit
einer Übung zu beginnen, die den Herzraum zu entspannen hilft. Dieses
Entspannen bewirkt, dass Enge, die durch Kummer, Sorgen und Ängste
wie ein Ring um unser Herz liegen kann, sich löst und unser Herz im
wahrsten Sinne des Wortes wieder aufatmen kann.

Mit dem Herzen atmen

- Komm in eine Haltung, in der du bequem etwa 5 Minuten verweilen
  kannst – du kannst die Übung im Sitzen oder im Liegen machen.
- Schließe die Augen und zieh dich zurück in deinen inneren Raum.

---

43   In der Übersetzung von Desikachar, a. a. O., S. 44.

- Entspanne deine Augen, dein Gesicht und deinen Mundraum, so gut es dir momentan möglich ist.
- Schenke dir ein »inneres Lächeln«. Das wird dich darin unterstützen, nun auch Anspannungen in deinem Bauchraum und deinem Zwerchfell zu lösen.
- Lege eine Fingerspitze auf den kleinen Fortsatz des Brustbeins, der sich oberhalb des Nabels befindet. Konzentriere dich auf diesen Bereich und beobachte, in welchem Maße sich dein Atem nun vertieft und entspannt.
- Werde dir bewusst, wie dein Herz auf den ruhigen und rhythmischen Bewegungen deines Atems reitet wie auf einer Welle. Entspanne deinen Herzraum und das Herz.
- Stell dir vor, mit dem Herzen zu atmen. Atme mit deinem Herzen ruhig und tief ein und wieder aus. Schwinge dich ein auf den Rhythmus deines Herz-Atems.
- Verweile in dieser Übung so lange, wie es dir angenehm ist.
- Um die Übung zu verlassen, vertiefe bewusst deinen Atem. Dehne und räkle dich. Nimm das Gefühl der friedvollen Kraft deines Herzens mit in die folgenden Meditationen (oder in deinen Tag bzw. deine Nachtruhe).

Maitri-Meditation

Diese Meditation hilft, das Herz zu entspannen und seine wahre Natur zu entfalten.

- Komm in eine bequeme Sitzhaltung. Wenn du dich im Sitz eingerichtet hast, schließe die Augen.
- Entspanne deinen inneren Raum – deinen Körperraum – und deinen mentalen Raum – den Stirnraum. Werde dir dabei bewusst, wo dein Körper unter Spannung steht und in welchem Maße dein Geist angespannt ist.
- Werde dir bewusst, wo in deinem Leben und in deinen Beziehungen du das Gefühl hast, dich schützen, dich anzustrengen und dich behaupten zu müssen, und wo du meinst, kämpfen zu müssen.

- Beobachte die Reaktionen deines Körpers und deines Geistes auf diese Vorstellung: Wo wirst du eng? Wo wirst du hart? Was geschieht mit deinem Atem? Lass alle diese Empfindungen in aller Deutlichkeit in deine Wahrnehmung treten.
- Betrachte dich mit deinen inneren Augen und werde dir bewusst, wie sehr du dich ständig anstrengst, alles zur Befriedigung deiner selbst und anderer Menschen zu machen. Werde dir bewusst, wie sehr du dich abstrampelst und wie es doch nie wirklich genug ist.
- Spüre die Aussichtslosigkeit dieser inneren Anstrengung – bis du merkst, dass sich in dir Mitgefühl regt. Gib diesem Mitgefühl mehr und mehr Raum und lege es wie eine warme Decke um dich herum.
- Entfalte immer mehr Gefühle wie Nachsicht, Verständnis, Geduld und Freundlichkeit für dich selbst. Versuche, alles Strenge, Harte und Bewertende in diesen freundlichen und wohlwollenden Gefühlen aufzulösen.
- Erlaube dir das innere Entspannen, das Loslassen all dessen, was dir innerlich Druck macht.
- Schau auf dich selbst mit Güte und tiefem Wohlwollen.
- Auch wenn deine innere Kritikerin/dein innerer Kritiker aufstöhnt und immer noch etwas zu bemängeln findet, setze deine ganze Energie ein, um nicht auf diese abwertende und zerstörerische Stimme zu hören. Entwickle eher noch mehr Verständnis und Güte, wenn du merkst, wie du dich von dieser inneren Stimme kleinmachen lässt.
- Hülle dich ein in Güte und Wohlwollen. Sage dir, dass alles gut ist, so wie es jetzt ist. Werde dir bewusst, dass du sowieso immer dein Bestes gibst und dass das, was du gibst, völlig reicht.
- Entwickle Güte für all dein Bemühen. Werde dir bewusst, wie groß dein dahinterstehendes Bedürfnis ist, gesehen, anerkannt und geliebt zu werden. Befriedige dieses Bedürfnis, indem du zuallererst dich selbst siehst und anerkennst – und dich in liebender Güte annimmst.
- Übe das wieder und wieder, bis du die liebende Güte für dich wirklich fühlen kannst und dein Verstand dir nicht mehr – mit irgendwelchen unnötigen Zweifeln oder Bedenken – dazwischenredet.
- Nimm das, was du aus diesem Üben erkennst und erfährst, mit in deinen Alltag und lass es dort wirksam werden.

Das Licht des Herzens in die Welt verströmen – mithilfe von OM

Die folgende Übung ist eine sehr gute Einleitung für eine Meditation über den Herzraum. Das Tönen des OM unterstützt die Erfahrung von Weite, da sich die Klangwellen vom Herzraum aus in das ganze Universum ausbreiten sollen. Dabei ist es unerheblich, ob du laut oder leise tönst oder den Laut OM sogar nur denkst. Die Schwingung des uranfänglichen Tons (Pranava) ist auf jeden Fall alldurchdringend, heilend und lichtvoll.

- Komm in einen aufrechten und bequemen Sitz deiner Wahl.
- Lege beide Hände überkreuz auf die Mitte der Brust und entspanne deinen Herzraum.
- Lass in dir ein Gefühl von Wohlwollen und Sympathie entstehen – für dich selbst, aber auch für die Menschen, die dir nahestehen.
- Wenn es sich nicht gleich einstellen will, dann denke an einen Menschen oder ein Tier, den oder das du sehr gerne hast oder liebst, also ein Wesen, dass dir »dein Herz öffnet«. Lass dadurch in dir ein Gefühl entstehen, das wirklich deine innersten Empfindungen ausdrückt.
- Bleibe mit diesem Gefühl ganz nach innen gewandt und bei dir und nähre es so.

Diese Empfindung wirst du im Folgenden mithilfe des Lautes »OM« um dich herum ausbreiten, und zwar in deiner Lautstärke und deiner Tonlage. Jeder Einatem soll dich wieder zur Quelle der Sympathie und des Wohlwollens zurückführen: in dein eigenes Herz.

- Sammle dich nun einatmend im Herzraum, und verströme ausatmend all das Wohlwollen und die Sympathie mit dem »OM« in den Raum, der vor dir liegt. Führe dabei deine rechte Hand nach vorn.
- Hole sie einatmend zum Herzraum zurück und sammle dich dort.
- Verströme bei den folgenden Ausatmungen diese Gefühle mit dem »OM« nach rechts, nach hinten, links, oben und unten. Mache mit einer oder beiden Händen die entsprechenden Gesten dazu.
- Stell dir schließlich vor, dass du Wohlwollen und Sympathie durch das »OM« wie eine schützende Hülle um dich legst, und beschreibe dazu mit beiden Armen einen weiten Kreis um dich herum.
- Wiederhole diesen Ablauf insgesamt dreimal. Wenn dir eine andere Reihenfolge angenehmer ist, kannst du sie gerne ändern.
- Verweile anschließend noch eine Weile in einer meditativen Wahrnehmung deines Herzraumes und des Raumes, der dich umgibt. Alles ist jetzt erfüllt von den positiven Schwingungen, die du ausgesandt hast. Beobachte, wie friedlich und wohl du dich in diesem energetischen Raum fühlst, den du mit deiner Meditation erschaffen hast.
- Um die Übung zu beenden, lege beide Handflächen vor der Brust aneinander und verneige dich.

Meditation über das Licht im Herzen, das von Leid unberührt ist

Die folgende und eigentliche »Herz-Meditation« kannst du auch immer dann im Alltag andeuten, wenn du merkst, dass dich etwas aus dem Gleichgewicht bringt. Sie ist außerdem ganz wunderbar geeignet, nach einem aufwühlenden Tag wieder zur Ruhe und in einen friedlichen und tiefen Schlaf zu finden.

- Konzentriere dich auf deinen Herzraum und entspanne ihn so umfassend und tief wie nur möglich.
- Unterstütze dich darin, indem du dir ein inneres Lächeln schenkst und tief zu deinem Herzen hin atmest.
- Lass deine Wahrnehmung in den Raum im Inneren deines Herzens hineinsinken.
- Verweile dort und verbinde dich mit dem Licht im Inneren deines Herzens – das von Leid unberührt ist und unter allen Umständen von Leid unberührt bleibt. Dieses Licht leuchtet unterschiedslos für alle und auf alles. Es versöhnt alles und bindet es wieder ein in die Einheit allen Seins.
- Meditiere über dieses Licht.
- Wenn du deine Meditation beendet hast, nimm die Empfindung dieses Lichts mit in deinen Tag oder deine Nacht.

9

Meditationen über das äußere und innere Licht

»Tamaso ma jyotir gamaye –
Aus der Finsternis führe mich ins Licht.«
Aus der Brihadaranyaka-Upanishad (I.3,28)[44]

U nser Yoga-Sadhana (Übungsweg) folgt immer wieder dieser Anrufung aus der Brihadaranyaka, die zu einem alten vedischen Reinigungsritus gehört. Wir machen uns auf den Yogaweg, weil wir deutlich spüren, dass sich unser Leben irgendwie verdunkelt hat, dass unser Geist eingetrübt ist und dass unser Körper, weil wir so oft seine Bedürfnisse übergehen mussten, uns so unzugänglich geworden ist, als wäre er ein dunkler Raum. *Duhkha,* der Sanskrit-Begriff für Leid, meint eigentlich wörtlich solch einen engen, dunklen Raum.

Und gerade weil es so dunkel ist, ist das Leid nicht zu ändern, denn »man kann nur im Licht etwas erkennen, in der Dunkelheit ist das nicht möglich. Wir brauchen Licht, um einen Text zu lesen, der eine Lösung bereithält, ohne Licht bleibt der Text ungelesen und die Lösung unentdeckt. In ähnlicher Weise ist Licht notwendig, um Erkenntnisse zu haben oder Probleme zu durchschauen.«[45]

---

44 Bettina Bäumer: Upanishaden. Kösel Verlag 1997, S. 172 f.
45 In der Übersetzung von Sriram, a. a. O., S. 28.

Ein Weg zu Einsicht und Erkenntnis

Der Yogaweg und dabei insbesondere die Meditation stellen die Gedanken und Methoden zur Verfügung, die uns helfen können, das Dunkel in uns zu erleuchten, um zu Erkenntnis, Einsicht und Klarheit zu gelangen. Sie unterstützen uns darin, dass uns im wahrsten Sinne »ein Licht aufgehen« kann! Seit der Frühzeit des Yoga finden wir deshalb Reflexionen und Kontemplationen über das äußere und das innere Licht und ihre untrennbare Beziehung zueinander.

Das Licht im Gayatri–Mantra

Ein sehr schönes Beispiel dafür ist eines der berühmtesten Mantras des Hinduismus, das Gayatri- oder Savitri-Mantra, die Anrufung das äußeren und inneren Lichtes:

> *OM bhur bhuvah svaha*
> *Tat savitur varenyam*
> *Bhargo devasya dhimahi*
> *Dhiyo yo nah prachodayat*

(Om, wir meditieren über den Glanz des verehrungswürdigen Göttlichen, den Urgrund der drei Welten, Erde, Luftraum und himmlische Regionen. Möge das höchste Göttliche uns erleuchten, auf dass wir die höchste Wahrheit erkennen.[46])

Im Gayatri-Mantra wird die göttliche Kraft der Sonne (Savitu/Savitri, Synonym für Surya) verehrt *(varenyam)*. Savitri kann als äußeres Licht erfahren und dort gefühlt, gesehen und angebetet werden. In dem Mantra wird es jedoch vor allem als die Widerspiegelung unseres inneren Lichts verstanden *(bhargah)*. Damit ist die Gottheit gemeint, »die im Bereich der Sonne (sûrya-mandala) in all ihrer Mächtigkeit und Herr-

---

46 Zitiert nach Wikipedia, Gayatri-Mantra. Die Übersetzung basiert auf der englischen Version dieses Mantras aus: Svami Mukhyananda: Om Gayatri and Sandhya. Vedanta Pr 1990.

lichkeit wohnt [...] Sie ist das Licht des Lichts im Sonnenkreis und ist das Licht im Leben aller Wesen. So wie diese Gottheit Licht im äußeren Äther ist, so ist sie auch in der ätherischen Region des Herzens (zu finden).«[47] Über diese zwei Aspekte, Surya und Licht, sollen wir meditieren *(dhimahi)*. Indem wir über das strahlende Licht des Lebens meditieren, das unterschiedslos auf alle Dinge dieser Welt scheint, auf gute und böse Menschen, auf freudvolle und leidvolle Situationen, sollen wir uns mit dieser Quelle der Kraft und des Lichts verbinden, sodass das Licht in uns strahlen kann.

Falls wir Zweifel an unserem inneren Licht haben, hilft vielleicht das Wissen, dass unser Gehirn nur dasjenige im Außen zur Kenntnis nehmen kann, was es bereits erfahren hat und damit in sich trägt. Wenn wir also in der Lage sind, die Qualitäten von Licht in der Außenwelt als Sonnenlicht, Helligkeit oder Klarheit zu erfahren und zu würdigen, heißt das, dass es eben dieses Licht, diese Helligkeit und Klarheit auch in uns geben muss!

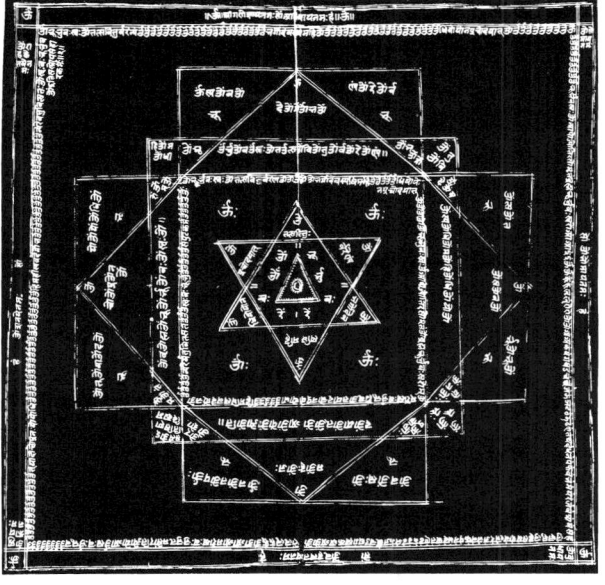

Yantra des Gayatri-Mantras, das zeigt, wie das unverletzliche Licht in der Tiefe jedes Herzens wohnt.

---

47 Arthur Avalon: Die Schlangenkraft. O. W. Barth Verlag 1982, S. 175.

Meditation mit dem Gayatri-Mantra

Übe diese Meditation idealerweise im Angesicht der (aufgehenden oder untergehenden) Sonne!

- Komm in einen aufrechten und bequemen Sitz deiner Wahl.
- Wende dich der Sonne zu oder verbinde dich innerlich mit ihrem Bild. Erfahre ihr Strahlen, ihre Wärme und ihr Licht, das sie unterschiedslos allem spendet, was da ist.
- Singe leise das Gayatri-Mantra oder sage es dir im Geiste (Japa).
- Spüre zu deinem inneren Licht hin – gleichermaßen als Quelle deiner Erkenntnis und als Widerspiegelung des äußeren Lichts.
- Verbinde dich ganz inniglich mit deinem Licht und stell dir vor, wie es als Glanz (Jyotis) um dich herum strahlt.
- Verweile in dieser Meditation so lange, wie du magst, und nimm dann das Licht und das Strahlen mit in deinen Alltag.
- Wiederhole diese Meditation am besten über einen langen Zeitraum jeden Tag.

Meditation über Licht bei Patañjali

Eine weitere wichtige Lichtmeditation findet sich im ersten Kapitel des Yoga-Sutra. Patañjali zählt dort eine Reihe von Hindernissen auf und nennt uns vielfältige Methoden, wie wir lernen können, ihnen die Macht über uns zu nehmen. Eine dieser Methoden ist das Sich-Besinnen auf das Licht, das in unserem Herzen wohnt und das von Leid unberührt ist (1.36).

Dazu bemerkt Desikachar: »Unser Blick wird weiter und offener werden, und wir werden Erleuchterung für unseren unruhigen Geist finden, wenn wir uns auf Dinge ausrichten, die größer sind als unser individuelles Ich.«[48]

Bei Srirams Interpretation des Yoga-Sutra finden wir: »Sich auf dieses innere Licht zu konzentrieren (Jyotismati), das immer vorhanden

---

48   In der Übersetzung von Desikachar, a. a. O., S. 44.

ist, auch wenn es unbeachtet bleibt, ist ein tröstendes Mittel.«[49] Und er ergänzt im Kommentar: »Sich den Bereich im eigenen Inneren, der jedes Leid anschauen kann und dennoch von keinem Leid berührt ist, als Licht vorzustellen, löst mentalen Druck.«[50]

Nach meiner eigenen Lehrerfahrung weiß ich aus den Rückmeldungen meiner TeilnehmerInnen, dass es ihnen tatsächlich hilft, sich dieses »Licht, das von Leid unberührt ist« vorzustellen. Sie sagen, dass es sie tröstet, zu wissen, dass es eine solche lichtvolle, reine und heile Instanz in ihnen gibt, wenn zum Beispiel die Zweifel an ihnen nagen oder das Leben sich zu verdunkeln scheint.

Meditation über das Licht im Herzen, das von Leid unberührt ist

- Komm in einen aufrechten und bequemen Sitz deiner Wahl.
- Entspanne deinen Brustraum und deinen Atem.
- Spüre dann zu deinem Herzen hin und entspanne deinen Herzraum. Wenn du es angenehm findest, kannst du die Hände auf den Herzbereich legen.
- Schenke dir ein inneres Lächeln, und atme sanft und achtsam zu deinem Herzen hin.
- Verbinde dich mit deinem inneren Licht und mit der Kraft deines Herzens.
- Spüre diese Kraft und dieses Licht; beide sind stärker als jedes Leid.
- Meditiere über alles, was diese Vorstellung in dir hervorruft.
- Meditiere über deine Empfindungen und Gefühle und nähre das Licht in deinem Herzen.
- Verweile in dieser Meditation so lange, wie du magst, und nimm dann das Licht mit in deinen Alltag.
- Wiederhole diese Meditation am besten über einen langen Zeitraum jeden Tag.

---

49 Sriram, a. a. O., S. 66.
50 Sriram, a. a. O.

Die Lichtmeditationen der Gheranda-Samhita

In der Hatha-Yoga-Pradipika wird die Meditation – außer im Kontext der Mudras oder des Lauschens auf den inneren Klang (Nada Anusandhana) – eher theoretisch abgehandelt. Im Gegensatz dazu finden sich in der Gheranda-Samhita (einem weiteren Grundlagenwerk des Hatha-Yoga) explizit Übungen zur Meditation.

Die Beschreibung der beiden Lichtmeditationen im sechsten Kapitel der Gheranda-Samhita ist jedoch äußerst knapp. Vier Verse geben stichwortartig Anweisungen, die im Gegensatz zu der äußerst genau erklärten grobstofflichen Meditation (bei der es um eine Visualisierung geht) so rudimentär sind, dass sie geradezu einladen, sie gemäß der eigenen Yoga-Tradition (Sampradaya) zu interpretieren. Eindeutig ist jedenfalls, dass es sich bei diesen drei Lichtmeditationen (Jyotir- oder Tejo-Dhyanas) um Übungen handelt, die auf einem Bhavana, also einer einheitsfördernden inneren Vorstellung, beruhen. Und das ist hier die Vorstellung eines Lichts, das das lichtvolle Wesen unseres Selbst wiedergibt.

Der Quellentext nennt als Ziel dieser Meditationen das »Gelingen des Yoga und die direkte Wahrnehmung des Selbst« (VI,15).[51]

❧ In der ersten Meditation visualisiert man tief im Becken die Kundalini (in Form einer zusammengerollten Schlange). Eingehüllt in dieses Symbol des Unbewussten glimmt – einem Flämmchen gleich – das Selbst (Jivatman). Das Licht dieser Flamme verweist auf das Absolute (Brahman), dessen Erkenntnis sich der Meditierende öffnet. (VI,16)

❧ In der zweiten Meditation visualisiert man bei der Nabelwurzel »das große, alles durchdringende Licht«, das aus dem »mit dem Feuer verbundenen Bereich der Sonne«[52] entsteht. (VI,17) Hier soll das Licht alles, was sonst noch im Geist aktiv ist, überstrahlen und den Meditierenden mit dem lichtvollen Urgrund des Lebendigen selbst verbinden.

❧ In der dritten Meditation visualisiert man in der Mitte der Stirn »ein Licht, das den Pranava (das ist OM) darstellt. Man beschaut es als flam-

---

51   Zitiert nach Peter Thomi: Das indische Yoga-Lehrbuch Gherandasamhita. Institut für Indologie Wichtrach 2006, S. 81.

52   Thomi, a. a. O.

menden Schriftzug« (VI,18)[53]. Da der Schriftzug des OM in der indischen Kultur allgegenwärtig ist – vergleichbar unseren christlichen Symbolen –, kann es von Indern mühelos vergegenwärtigt und kontempliert werden. Wähle diese Meditation nur aus, wenn schon beim Lesen das Symbol des OM sofort vor deinem geistigen Auge aufscheint.

Die drei folgenden Meditationsanleitungen stellen eine Möglichkeit dar, die Anweisungen des Quellentextes umzusetzen.

Meditation, um unser inneres Licht zu nähren

- Komm in einen aufrechten und bequemen Sitz deiner Wahl.
- Schließe die Augen und gehe mit der Wahrnehmung nach unten in deinen Beckenraum. Verbinde dich mit der Erde unter dir und lass dich ganz bewusst in deiner der Beckenschale nieder.
- Finde ein inneres Bild (Bhavana), das alles symbolisiert, was in dir unbewusst ruht und darauf wartet, erweckt zu werden.
- Visualisiere es im Bereich des Beckenbodens (im Bereich des Muladhara Chakra).
- Erfahre das Element Erde und dein inneres Bild des noch Unerweckten so deutlich wie möglich und werde dir bewusst, dass es ein Teil und Aspekt von dir ist – aber eben auch nur das.
- Visualisiere nun in diesem symbolischen Bild eine kleine Flamme, das Licht deines Selbst, das sich, wenn es an der Zeit ist, mit dem strahlenden Licht des Brahman – der Allseele, des höchsten Selbst – verbinden wird.
- Gib nun jedes Mal, wenn du in diese Meditation gehst, dieser Flamme mehr Raum und Glanz und verbinde dich mit dem Gefühl des Vertrauens, dass dieses Licht in dir wachsen wird.
- Verweile in dieser Meditation so lange, wie du magst. Nimm dann das Licht in deinem Bauchraum mit in deinen Alltag.
- Wiederhole diese Meditation am besten über einen langen Zeitraum jeden Tag. Sie wird dich darin unterstützen, das, was dir im Leben widerfährt, besser zu verdauen.

---

53 Thomi, a. a. O.

Meditation über das Licht der Sonne im Bauchraum

- Komm in einen aufrechten und bequemen Sitz deiner Wahl.
- Schließe die Augen und gehe mit der Wahrnehmung in den Bereich des Nabels.
- Verbinde dich dort mit dem Samana Vayu, diesem Aspekt der Lebensenergie Prana, der im Yoga auch Verdauungsfeuer genannt wird. Spüre die Wärme und Kraft dieser Energie, bis du dich ganz von ihr durchdrungen fühlst.
- Visualisiere dann das gleißende und belebende Licht der Sonne im Bauchraum. Lass dieses innere Bild allmählich immer stärker werden, bis es alles überstrahlt.
- Verweile in einer kontemplativen Innenschau dieses Bildes und lass zu, immer mehr mit diesem strahlenden Licht zu verschmelzen – bis es zum dem wird, was dein wahres, göttliches und lichtvolles Wesen ausdrückt.
- Verweile mit dieser Meditation so lange, wie du magst. Nimm das Licht mit in deinen Alltag und strahle es aus.
- Wiederhole diese Meditation am besten über einen langen Zeitraum jeden Tag.

Meditation über die heilende Kraft des Mantras OM in Form von Licht

- Komm in einen aufrechten und bequemen Sitz deiner Wahl.
- Schließe die Augen und gehe mit der Wahrnehmung in den Stirnraum. Entspanne diesen Raum in seiner Breite und Höhe, vor allem aber in seiner Tiefe.
- Sammle dann deine Aufmerksamkeit in der Mitte der Stirn und entspanne diesen Bereich noch einmal besonders.
- Dort, in der Mitte der Stirn, visualisiere nun den Pranava, das ist der uranfängliche Laut OM, und stell dir vor, dass er leuchtet und strahlt.
- Verbinde dich gleichzeitig im Raum über dir mit dem Licht, das die Quelle allen Lebens und allen Bewusstseins ist.

- Verweile in dieser Meditation so lange, wie du magst. Nimm die Schwingung des OM in Form von Licht mit in deinen Alltag und lass es sich um dich herumlegen.
- Wiederhole diese Meditation am besten über einen langen Zeitraum jeden Tag.

Meditation über das Licht in jedem Menschen

Diese Meditation ist sicher mit die wichtigste, die uns der Yoga zu bieten hat. Sie basiert darauf, dass das Licht, das in mir ist, folglich auch in jedem Menschen zu finden sein muss, egal wie sehr er den Anschein erweckt, dass er sich den dunklen Mächten zugewandt hat oder sich hat verdunkeln lassen. Die Visualisierung bzw. das Erkennen des inneren Lichts in jedem (!) anderen Menschen ergibt sich also zwingend aus dieser Logik und folgt nicht einem bestimmten Glauben.

Wenn viele Menschen gerade diese Meditation regelmäßig üben, wird sie sicher wesentlich dazu beitragen, dass unsere Welt zu gegenseitiger Toleranz und Wertschätzung findet – und damit zu einer echten Verbundenheit von Mensch zu Mensch. Und ich glaube, dass unsere Gesellschaft nichts mehr braucht als das!

- Es bedarf keines besonderen Anlasses, um diese Meditation zu üben. Wann immer uns ein Mensch begegnet, können wir im Geiste (oder auch tatsächlich) die Hände vor der Brust aneinanderlegen in die Geste Namaste und uns innerlich sagen: »Ich grüße das (göttliche) Licht in dir!« Oder: »Mein inneres Licht grüßt dein inneres Licht!« Oder wie auch immer wir diese Tatsache ausdrücken möchten.
- Wichtig ist nur, dass wir es nicht nur verstehen und einsehen, sondern auch wirklich fühlen: In jedem Menschen, in jedem Tier, in jeder Pflanze, in allem, was erschaffen wurde, lebt dieses Licht. Es ist die Bewusstseinsenergie (Prana oder Shakti), die jede unserer Zellen durchdringt und das ganze Universum erschaffen hat, erhält und transformiert.

10

Meditationen über den einen Atem, der alles eint

»Ich und die Welt sind eins.«
Yogi Bhajan[54]

Alles, was lebendig ist, atmet. Es ist das Kennzeichen des Lebendigen, dass der Atem pulsiert. Etwas in der Tiefe eines jeden Lebewesens sorgt dafür, dass jederzeit und unter allen Umständen Atmung geschieht. Wir werden geatmet.

Wir atmen den größten Teil unseres Lebens, ohne es zur Kenntnis zu nehmen. Wir merken nicht, wie sich unser Atem immer wieder aufs Feinste an das anpasst, was wir gerade tun, denken, fühlen, erinnern oder erfahren. Wir merken nicht, wie der Atem in uns eintritt und uns wieder verlässt. Oft merken wir sogar nicht, wenn der Atem sich verspannt oder stockt, wenn wir die Luft anhalten oder plötzlich schneller oder unruhiger atmen. Wir merken nicht, wie uns jeder Einatem nährt und wie jeder Ausatem das mit sich nimmt, was wir nicht mehr brauchen.

Wir verschwenden in der Regel keinen Gedanken daran, wo der Atem, der uns nährt, herkommt und wo der Atem, der uns verlässt, hingeht. Nur wenn wir das Empfinden haben, die Luft, die wir einatmen sollen, sei verbraucht, verschmutzt, belastet oder »dick«, fällt uns etwas

---

54 Mitschrift aus dem Unterricht mit Daniel Orlansky & Gurmuks Kaur Khalsa.

auf. Wir betrachten den Luftraum, und zwar so, als würde die Luft in ihm stehen. Wir nehmen nicht zur Kenntnis, dass auch ein Zimmer, ein Raum, ein Haus atmet …

Dasselbe gilt für unsere Erde. Sie ist ständig umweht von Luft: Luft als Hauch, als Brise, als Lüftchen, als Wind, als Sturm, als Orkan – Luft als gefühlte Windstille …

Wir erfahren unseren Planeten Erde wie einen in sich abgeschlossenen Luftraum. Dagegen scheint uns »der Raum da draußen« – der Weltraum – als ein luftleerer Raum.

Aber diese Trennung funktioniert nur in unserem Geist, denn Luft ist das Element, das sich ständig und vollständig mit allem verbindet. Luft verbindet sich mit allen Elementen – mit Wasser, Feuer, Erde, Äther – und es verbindet alles miteinander. Luft kennt in diesem Sinne kein Gefäß und ist nicht einzuschließen. Luft ist alldurchdringend und wandelbar in dem Grad, in dem sie sich demjenigen anpasst, womit sie sich verbindet: Luft ist anders im Wasser, anders in einem Blatt, anders in meiner Lunge, anders in meinem Blut, anders in meiner Zelle – und doch immer Luft!

Die Luft als Träger des Prana

Im Yoga wurde das Element Luft schon lange äußerst vielschichtig betrachtet. Zum einen gilt sie auch hier als unser existenzielles Lebenselixier, als Lebenshauch, als Odem. Zum anderen wird sie aber auch als die wesentliche Trägersubstanz für die Lebensenergie – den Prana – verstanden. Vor allem im Tantra entstand eine Sichtweise, in der unser individueller Atem mit dem kosmischen Atem in Beziehung gesetzt wurde. Die Tantriker erkannten, dass alles, was in uns ist, auch im Kosmos sein muss, und alles, was im Kosmos geschieht, sich auch in den Zellen unseres Körpers widerspiegeln muss. Mikrokosmos und Makrokosmos sind eins, lautete die Erkenntnis der tantrischen Meister – eine Einsicht, der auch die moderne Physik inzwischen zugestimmt hat. In der Weltsicht des Tantra ist alles – ALLES! – von Prana durchdrungen. Prana – die Lebensenergie – pulsiert in allem, was ist, nur in unterschiedlichen Frequenzen: in mancher Materie langsam und dicht, in anderer Substanzen schnell und fein.

Eine Schule des Shivaismus von Kaschmir – die Spanda-Tradition – erkannte, dass alles, was erschaffen worden ist, in seiner Ursubstanz Schwingung (Spanda) ist.[55] Schwingung, die sich durch den Raum bewegt. Ähnliches fand auch der Quantenphysiker Hans-Peter Dürr vor wenigen Jahren heraus. In einem Interview berichtet er, dass er auf der Suche nach der Ursubstanz, die aller Materie zugrunde liegt, keinerlei Materie mehr vorfand. Stattdessen entdeckte er, dass es ganz in der Tiefe allen Seins nichts gibt als Raum, in dem sich Wellen bewegen: Raum, der atmet …

Ananta – der ewig strömende Atem

In Patañjalis Yoga-Sutra finden wir eine Textstelle, die in dieselbe Richtung weist. Im Sutra 2.47 beschreibt Patañjali, wie wir beim Üben von Asana die passende Anstrengung für uns finden und überflüssige Anspannung lösen sollen, damit sich die Qualitäten Sthirasukha (stabil & leichtgängig) einzustellen vermögen. Um erkennen zu können, ob wir die Balance zwischen diesen beiden Polaritäten herstellen, sollen wir auf unseren Atem schauen. Strengen wir uns zu sehr an, wird der Atem eng, machen wir zu wenig, wird er flach.

Jede Abweichung von der Balance wirkt sich auf den Atem aus. Er soll aber in der Qualität Ananta verweilen können. Ananta heißt eigentlich unendlich. Ananta ist auch der Name der Schlange, die Vishnu zwischen den Weltzeitaltern als Ruhestatt dient. Sie ist stabil genug, den Gott über Ewigkeiten auf den Wassern des Lebens zu tragen, und gleichzeitig angenehm genug, damit Vishnu zu ruhen vermag. Desikachar weist darauf hin, dass im Kontext dieses Yoga-Sutra Ananta vor allem den ewig fließenden Atem meint, der aus der Unendlichkeit zu uns

---

55 »Spanda is the sacred tremour that exists within us. It is the essence of tantra, where true yoga begins. It starts with the breath, the awareness of the inner vibrations. The in breath, the out breath, the gap between … Rest in the gap and find God.« Quelle: http://tribes.tribe.net/spanda

strömt, in uns eintritt, uns in jeder einzelnen Zelle durchströmt und uns dann wieder verlässt, um in die Unendlichkeit zurückzuströmen.[56]

Wir sollen unser Tun so gestalten, dass dieser unendliche kosmische Atem nicht beeinflusst, gestört oder gehalten wird. Durchströmt er uns, so werden wir zum Teil der Unendlichkeit, die der Atem ist.

Atmen verbindet uns über jede »Artenschranke« hinweg

Wenn wir beginnen, darüber nachzusinnen, wird uns klar, dass jeder Atemzug uns Luft zuführt, die schon unendlich lange in den verschiedenen Welten »unterwegs« ist. Wir können nicht einmal ahnen, wer oder was sie schon alles ein- und ausgeatmet hat und wie viele Beziehungen mit dem Lebendigen diese Luft schon eingegangen ist. Vielleicht atmen wir just den Sauerstoff ein, den der Baum neben uns gerade über seine Blätter ausgeatmet hat, während er sehnsüchtig darauf wartet, das CO_2 einzuatmen, das wir gerade ausatmen …

Teilen wir mit Menschen einen Raum, dann teilen wir mit ihnen auch die Moleküle der Luft, die wir gemeinsam atmen. Unabhängig davon, wie unsere Beziehung zu diesen Menschen ist – ob wir sie mögen oder nicht, ob wir sie kennen oder nicht –, unabhängig von Rasse, Geschlecht, Alter, Gesellschaftsschicht eint uns die Luft, die wir ein- und ausatmen. Sie verbindet uns über jede unserer Zellen, die unaufhörlich atmen bis in die tiefste Struktur unseres Seins.

Wenn wir beginnen, über Atem und Luft zu meditieren, brauchen wir nicht mehr über das Wesen der Einheit nachzusinnen, sondern die Einheit wird erfahrbar. Über die Erfahrung des Atmens der einen Luft lösen sich alle Konzepte des Getrenntseins im wahrsten Sinne in Luft auf. Sie werden zutiefst unlogisch und sind einfach nicht mehr haltbar. Dasselbe gilt für jegliches Sich-abgrenzen-Wollen: Es geht nicht! Es ist einfach nicht möglich! Ob wir wollen oder nicht: Jedes Wesen, das atmet, ist mit jedem Wesen, das atmet, verbunden!

---

56   Desikachar, a. a. O., S. 89.

Die Meditationspraxis

Die Anleitungen, die ich besonders geeignet finde, um diese Erfahrung der Einheit zu machen, sind alle den Methoden des »Yoga der Energie« entlehnt, so wie ich es über viele Jahre hinweg in der »Académie du Yoga de l'Énergie« in Frankreich gelernt habe.

Die Verbindung des äußeren und inneren Raumes über den Atem

- Komm in einen aufrechten und bequemen Sitz deiner Wahl. Schließe die Augen.
- Werde dir deiner inneren vertikalen Achse bewusst, die deinen ganzen Körperraum von den Wurzeln bis zum Scheitelpunkt durchzieht. Sie gibt dir aus der Mitte heraus Stabilität und Halt.
- Entspanne deinen inneren Raum. Stell dir vor, dass du in deinen inneren Raum einatmest und in den äußeren Raum, der dich umgibt, wieder ausatmest.
- Atme ganz bewusst die Luft aus dem äußeren Raum ein und fülle damit deinen inneren Raum. Entlasse ganz bewusst die Luft aus deinen Lungen und gib sie wieder an den Raum ab, der dich umgibt.
- Atme so ganz bewusst in deinem Rhythmus einige Male ein und aus, und verbinde so diese beiden Räume.
- Dann lass deinen Atem fein und frei weiterfließen.
- Meditiere über die die Empfindung, wie dein Atem unablässig die beiden Räume miteinander verbindet.
- Meditiere über die Empfindung, wie die Luft des Außenraums in dich strömt, zu *deiner* Luft wird, die jede Zelle nährt – und wie dieses Innere/dein Inneres mit dem Atem wieder nach außen strömt.
- Meditiere über den Atem, der unablässig den Außenraum und unser Innerstes miteinander verbindet.
- Nimm diese Empfindung des Verbundenseins mit in deinen Tag bzw. deine Nacht.

Die Verbindung von Innenraum und Außenraum über die Haut

- Komm in einen aufrechten und bequemen Sitz deiner Wahl. Schließe die Augen.
- Werde dir deiner inneren vertikalen Achse bewusst, die deinen ganzen Körperraum von den Wurzeln bis zum Scheitelpunkt durchzieht. Sie gibt dir aus der Mitte heraus Stabilität und Halt.
- Entspanne deinen inneren Raum.
- Werde dir bewusst, dass deine Haut diesen inneren Raum wie eine Membran umhüllt. Diese Membran ist durchlässig und stellt unentwegt über die Poren der Haut eine Beziehung zwischen unserer Innenwelt und der Außenwelt her.
- Stell dir vor, dass du in deinem inneren Raum einatmest und durch die Poren ausatmest in den äußeren Raum, der dich umgibt. Dann atme im äußeren Raum ein und – über die Poren – aus in den inneren Raum.
- Atme ganz bewusst in deinem Rhythmus einige Male über die Poren ein und aus und verbinde so diese beiden scheinbar getrennten Bereiche.
- Dann lass deinen Atem fein und frei weiterfließen.
- Meditiere über die Empfindung, wie »es« weiter über deine Haut atmet und wie auf diese Weise die beiden Räume zu einem einzigen Raum werden.
- Meditiere über die Empfindung, wie sich dein Innen und dein Außen miteinander verbinden.
- Nimm diese Empfindung und Erfahrung der Verbundenheit mit in deinen Alltag. Das wird dir helfen, scheinbar Trennendes in deiner Wahrnehmung verblassen zu lassen.

Die innere Atmung in jeder Zelle allen Seins

Für diese Meditation ist es günstig, wenn du dich vor eine Topfpflanze setzt oder wenn du auf einen Baum, ein Tier oder etwas anderes Lebendiges schauen kannst.

- Komm in einen aufrechten und bequemen Sitz deiner Wahl. Schließe die Augen.
- Werde dir deiner inneren vertikalen Achse bewusst, die deinen ganzen Körperraum von den Wurzeln bis zum Scheitelpunkt durchzieht. Sie gibt dir aus der Mitte heraus Stabilität und Halt.
- Entspanne deinen inneren Raum.
- Werde dir bewusst, wie der Einatem über die sich immer feiner verästelnden Atemwege bis zu jeder Zelle strömt und sie mit der Lebensenergie Prana nährt.
- Meditiere eine Weile über die Empfindung, wie jede Zelle deines Körpers atmet und mit dem Prana pulsiert.
- Dann öffne die Augen und werde dir dessen bewusst, wie das Lebewesen, auf dem nun dein Blick ruht, auf seine Weise atmet.
- Mache dir bewusst, wie ihr beide die Luft, die ihr atmet, miteinander teilt – von der Luft, die von außen hereinströmt, bis in jede Zelle.
- Verweile mit dieser Erfahrung und meditiere über sie.
- Nimm diese Erfahrung des Verbundenseins mit in deinen Tag bzw. deine Nacht.

Der alles verbindende Prana

- Werde dir bewusst, dass die Luft, die du atmest, wahrscheinlich schon unendlich oft die Erde umrundet hat und dass sie schon von unzähligen Lebewesen ein- und ausgeatmet worden ist.
- Meditiere über diese alles verbindende Kraft des Prana.
- Werde dir bewusst, dass dieser Prana – der den gesamten Kosmos durchdringt – über deinen Atem eine Beziehung herstellt zwischen den Weiten des Kosmos, jeder kleinen Zelle deines Körpers und den Zellen eines jeden Lebewesens.
- Meditiere über die unendliche Einheit – in der nichts je getrennt sein kann.
- Nimm diese Erfahrung der durch nichts aufzuhebenden Einheit mit in deinen Tag bzw. deine Nacht.

11

Meditation, um Frieden, Hingabe und Einheit zu erfahren

»Im Yoga wird nicht das Bewusstsein aufgelöst, sondern das, was unser Bewusstsein begrenzt.«

Shraddhalu Ranade[57]

Die folgenden Meditationen stehen in einem engen Zusammenhang mit dem Integralen Yoga, so wie er von Sri Aurobindo entwickelt wurde. Ich habe diese Meditationen unter der Anleitung von Shraddhalu Ranade aus Pondicherry, Indien, kennengelernt. Ranade lebt dort im Aurobindo Ashram, wo er viele Jahre unter der Fürsorge und Schulung seines spirituellen Lehrers M. P. Pandit aufwuchs. Heute forscht Ranade über die Grundlagen der indischen Kultur, entwickelt als Ausbilder integrale und spirituell ausgerichtete Schulprogramme und ist ein international wirkender Vortragsredner (zum Beispiel beim Global Oneness Project) und Meditationslehrer.

Beim Integralen Yoga in der Tradition von Sri Aurobindo handelt es sich nicht um eine Form des Yoga mit fest definierten Übungen wie im Hatha-Yoga oder Raja-Yoga. Wesentlicher als Asana ist nach Aurobindo die vollkommene Hingabe, mit welcher der Übende alle seine Handlun-

---

57 Aus der Mitschrift eines Seminars in der Villa Unspunnen/Wilderswil (Schweiz) im August 2010

gen, Worte und Gedanken dem Göttlichen widmet. Dieser Yoga heißt
integral, weil in ihm die traditionellen Yogawege des Jñana-, Karma- und
Bhakti-Yoga miteinander verknüpft werden, wie Aurobindo es in seinem
Buch *Die Synthese des Yoga* beschreibt. Integral wird dieser Yogaweg aber
auch deshalb genannt, weil er die Welt nicht ablehnt oder überwinden
will, sondern weil er sie anerkennt und mit dem Göttlichen zu durch-
dringen sucht. Der Ausgangspunkt ist, sich selbst mit dem Göttlichen
in Verbindung zu setzen, und zwar über den Anteil unseres Geistes und
unserer Seele, der dafür am empfänglichsten ist.

Der Weg des Integralen Yoga

Im Integralen Yoga wird ein gangbarer und erprobter Übungsweg dahin beschrieben, bei dem Meditationen ein wichtiger Aspekt sind. Sie
zeigen dem Geist einen Weg, der ihn aus seiner Unruhe und wertenden, analysierenden Sichtweise hinausführt, die evolutionär bedingt auf
Trennung beruht (ich – und das, was ich betrachte). Was der Geist mithilfe dieser Meditationen stattdessen zu erfahren lernt, ist ein Zustand
jenseits der Dualität und sogar der Polarität – der Zustand der Einheit.
In der Meditation werden diese beiden Welten miteinander verbunden,
sodass die Qualitäten der inneren Welt – die wir als Reinheit, Weite,
Licht, Stille und Frieden erfahren – ganz allmählich mit in die äußere
Welt genommen werden.

Lernen, der Führung des innersten Wesens
zu vertrauen

Da die Sichtweise der Einheit für unseren Geist radikal und neu ist,
braucht er nicht nur das Einüben des Neuen, sondern auch sehr viel
Unterstützung, um sich entspannt und gelöst auf das Ungewohnte und
Entgrenzende einlassen zu können – bis wir uns eines Tages so im Frieden, in der Weite und in der Erfahrung der Einheit angekommen und
zu Hause fühlen, dass diese Sichtweise zu einem natürlichen Teil unseres
Wesens wird. Vorher werden wir – in der Regel – lange nur eine Ahnung

unseres innersten Wesens haben und es vor allem dann erfahren, wenn es immer mal wieder kurz aufscheint. Aurobindo empfiehlt uns deshalb, dass wir uns unserem innersten Wesen ganz hingeben, uns seiner Führung überlassen und uns von ihm leiten lassen. Die Führung und der Einfluss unseres inneren Wesens, dem wir dadurch Raum geben, wird in uns wirken und im rechten Maß all die Knoten lösen, die unser Bewusstsein einschränken und begrenzen.

Der Weg, über den wir das Göttliche erfahren wollen, und der Aspekt des Göttlichen, den wir in uns zum Leben erwecken wollen, folgt unseren inneren Bildern und formt sie auch gleichzeitig. Meist stoppen wir uns dann, wenn wir dem Formlosen, der unermesslichen Weite, dem strahlenden Glanz unseres inneren Lichts und der transformierenden Kraft des Friedens begegnen. Deswegen ist es so wichtig, dass wir auf der spirituellen Reise lernen, uns diesen uns innewohnenden Kräften nur ganz allmählich zu öffnen. So können wir Vertrauen dazu entwickeln, dass sie in uns leben – und leben dürfen –, und wir können uns ihnen ganz hingeben. Wir beginnen, wo wir sind, und mit dem, was uns zugänglich ist.

Ranade gebrauchte dafür ein schönes Bild: Am Beginn meiner spirituellen Praxis gehe ich mit einer kleinen Schale zum Ozean und nehme so viel von seiner Fülle auf, wie in diese Schale passt. Nach und nach komme ich mit einer immer größeren Schale. Eines Tages dann bin ich bereit und öffne mich dem Ozean.

Meditation zur Erfahrung von Weite, Frieden und Licht

In der folgenden Meditation werden zur Unterstützung dieses inneren Selbst-Entfaltungs-Prozesses die inneren Bilder (Bhavanas) des Friedens, der Weite und der tiefen Ruhe des Himmelsraums genutzt. Dadurch werden sie in unseren Geist – Samen gleich – eingepflanzt, und jede Wiederholung dieser Meditation wird helfen, diese Samen zu pflegen, zu hegen und zum Wachsen und Erblühen zu bringen.

Die Meditation ist so aufgebaut, dass bestimmte Wendungen immer wieder benutzt werden, damit unser Geist Gelegenheit bekommt, sich allmählich auf die Bilder einzulassen.

- Komm in einem aufrechten und bequemen Sitz deiner Wahl und schließe die Augen.
- Lass dich nieder und verbinde dich mit der Erde, die dich trägt.
- Lass all dein Bewusstsein nach und nach zu deinem Scheitelpunkt wandern. Sammle dein Bewusstsein am Scheitelpunkt.
- Dann konzentriere dich auf einen Punkt über deinem Kopf.
- Öffne sanft deine Aufmerksamkeit nach oben, sodass du der unermesslichen Weite über dir gewahr wirst.
- Lass dich behutsam und allmählich in diese Weite hineinziehen.
- Lass dein Bewusstsein behutsam und schrittweise mit dieser unermesslichen Weite verschmelzen. Tauche ein in die Weite …
- Verweile mit deinem Bewusstsein in der Weite und erlaube dir, ganz darin einzutauchen und dich darin aufzulösen.
- Tauche ein in dieses Bewusstsein der Unermesslichkeit der Gegenwart und des Friedens.
- Lass dein Bewusstsein in dieser Weite verweilen, bis du spürst, dass dieser ganze unermessliche Raum mit unendlichem Licht und unendlichem Frieden angefüllt ist.
- Bleibe darin, tauche weiter ein in diese Weite – und in das wundervolle reine Licht.
- Tauche ein in die Weite des Da-Seins und des Friedens oder einfach nur in die Unermesslichkeit. Erlaube dir, behutsam und allmählich immer weiter darin einzutauchen, ganz sanft und Schritt für Schritt.
- Aus dieser unermesslichen Weite des Himmels, des Friedens und des Lichts spüre in dir hin zu dem, was in dir wahrnimmt. Spüre hinein in den Raum deines Kopfes.
- Stell dir vor, dass dein Bewusstsein – ausgehend von deinem Kopf – wie ein Trichter weit nach oben in den Himmelsraum hineinragt und sich dort ausdehnt, gleichzeitig aber nach unten mit deinem Kopf und Körper verbunden bleibt.
- Verbinde diesen »Trichter deines Bewusstseins« ganz allmählich mit deinem Scheitelpunkt.
- Lass die unermessliche Weite des Himmels, des Friedens und des Lichts sich behutsam und langsam in dir ausbreiten. Sie strömt durch deinen Scheitel ein und füllt allmählich dein ganzes Gehirn aus.

- Spüre, wie das Bewusstsein von Frieden und Licht sich ganz behutsam in dir ausbreitet. Es breitet sich behutsam aus, um dein ganzes Gehirn zu füllen.
- Es lässt sich sanft in dir nieder, um sich in deinem ganzen Kopf auszubreiten – bis es sich anfühlt, als würde sich dein ganzer Kopf der unermesslichen Weite über dir öffnen.
- Stell dir vor, dass sich die ganze unermessliche Weite dir zuneigt, um einen Teil von sich selbst in deinen Kopf zu gießen.
- Lass die Weite sanft in deinen Kopf einströmen, lass dein Schädeldach ganz durchlässig werden, bis es sich anfühlt, als ob sich dein ganzer Kopf vollkommen der unermesslichen Weite, dem Licht und der ruhigen Präsenz und dem Frieden öffnet.
- Verweile in diesem Zustand.
- Achtsam und ganz allmählich lass ein wenig von diesem Licht, dieser Gegenwart und diesem Frieden weiter herabsteigen, um sich in deinem ganzen Wesen auszubreiten und niederzulassen.
- Lass das Bewusstsein durch deinen Hals und über den Nacken bis in deine Brust einströmen.
- Sei ganz behutsam und lass zu, dass die Präsenz von Frieden und Licht sich in deinem Oberkörper niederlässt und langsam deinen ganzen Brustraum füllt.
- Sanft strömt sie durch deine Schultern und breitet sich in deinen Armen aus, in deinen Unterarmen und Händen – spüre die Gegenwart von Frieden und Licht, bis der Glanz dieses friedvollen Lichts deine Hände erfüllt.
- Lass dein Bewusstsein noch einmal nach oben zu dem weiten Meer aus Licht und Frieden fließen.
- Lass behutsam einen frischen Strahl von Weite, Licht und Frieden in dein ganzes Sein hineinströmen: vom Kopf über den Hals, die Arme und langsam durch die Brust bis in den Bauchraum hinein.
- Lass diesen Strahl sich nach und nach bis in deine Beine ausbreiten – durch die Oberschenkel, die Knie und Waden bis in die Füße … bis dein ganzer Körper voll ist von diesem Strahlen des Lichts und des Friedens. Lass dieses Licht sich in dir ausbreiten, bis es jede deiner Zellen erfüllt.

- Verbinde dich wieder mit dem Strahl, der sich nach oben öffnet, nach oben in das weite Meer aus Licht und Frieden über dir.
- Lass dein Bewusstsein noch einmal dorthin strömen, um sich mit der Weite zu vereinigen. Und dann lass sachte Frieden und Licht wie einen immerwährenden Strom in dich hineinfließen.
- Empfange den Strahl dieses Bewusstseins, der nun immer weiter nach unten fließt über deinen Hals, deine Brust und deine Arme – der sich zum Bauchraum ausbreitet und hinunterströmt in deine Beine und schließlich deinen ganzen Körper ausfüllt – wie ein Krug. Ein Krug, der angefüllt ist mit reinem Da-Sein und strahlendem Licht und der zutiefst friedvoll ist.
- Lass dieses Licht und diesen Frieden nun sanft und allmählich durch all deine Poren fluten und sich über deine körperlichen Grenzen hinaus ausbreiten.
- Lass es sich allmählich ausdehnen, um dich in einen Kokon einzuspinnen, um dich mit der Empfindung aus Da-Sein, aus Licht und aus Frieden zu umgeben – bis du davon erfüllt ist.
- Verweile etwas in diesem Zustand.
- Ganz sachte, ganz allmählich bereite dich nun darauf vor, mit der Wahrnehmung an die Oberfläche deines Körpers zu kommen.
- Lass deine Aufmerksamkeit ganz allmählich zur Oberfläche deines Körpers steigen.
- Werde dir allmählich der Konturen deines physischen Körpers bewusst.
- Spüre deine Haut und dein Gesicht.
- Lass dein Bewusstsein ganz sachte an die Oberfläche strömen und behalte deinen inneren Zustand so weit wie möglich bei.
- Verweile in dir als Körper, so wie das Da-Sein in deinem tiefen Wesen verweilt.
- Spüre diesen Hauch des Bewusstseins von Frieden, Licht, Weite und Fülle, der eines Tages auch deine äußersten Hüllen und dein äußeres Leben erfüllen wird.
- Drifte nun mit deiner Wahrnehmung langsam nach außen.

- Öffne langsam deine Augen halb, und verweile doch so weit wie möglich im inneren Gewahrsein.
- Öffne deine Augen allmählich ganz und beobachte, wie die Erfahrung tief in dich hinein zu verschwinden scheint, aber doch auch ein Widerschein davon an deiner Oberfläche bleibt.
- Nimm das Wissen der Erfahrung der Weite, des Lichts, des Friedens und der Fülle mit in deinen Tag oder in deine Nacht.
- Lass diese Kräfte dich mehr und mehr erfüllen, sodass sie durch dich hindurch in der Welt wirksam werden können.

12

Meditation zum Schutz der Welt und aller Wesen

»Loka samastah sukino bhavantu –
Mögen alle Wesen glücklich und zufrieden sein.«

Yamas und Niyamas:
Vom Umgang mit der Welt und mit sich selbst

In Patañjalis Yoga-Sutra sind die Yamas und Niyamas die ersten Glieder auf dem achtgliedrigen Yogapfad (Ashtanga-Yoga). Sie stehen im zweiten Kapitel zwischen den Versen, die sich mit dem Wirken der tiefsitzenden Störungen (Kleshas, Seite 38) in uns beschäftigen, und den Anweisungen, wie Asana und Pranayama geübt werden sollten und wohin dieses Üben uns führen will. Das Yoga-Sutra macht deutlich, dass das Einüben der Yamas und Niyamas uns helfen wird, die störenden Kräfte in uns zu schwächen und die Kräfte, die uns wachsen lassen, zu stärken.

Yama und Niyama sind Vorschläge, wie wir uns zu uns selbst und im Kontakt mit unseren Mitmenschen und der Umwelt verhalten sollten. Der Begriff *Yama* bezeichnet die Vorschläge für den Umgang mit anderen Menschen und der Umwelt, der Begriff *Niyama* Vorschläge für den Umgang mit uns selbst. Das Yoga-Sutra beschreibt als Yama und Niyama jeweils fünf Bereiche für die Bewusstwerdung und Optimierung unserer Verhaltensweisen. Sie alle sind so ausgewählt, dass sie uns helfen, unseren Geist zu klären und ihn auf heilsames und förderliches Tun auszurichten, sodass er zunehmend ruhig und friedvoll werden kann.

Es ist naheliegend, in den Vorschlägen der Yamas und Niyamas eine Weiterführung der geistigen Ausrichtung zu sehen, die im Yoga-Sutra 1.33 mit den vier Brahmaviryas Güte (Maitri), Mitgefühl (Karuna), (Mit-)Freude (Mudita) sowie Geduld und Fehlerfreundlichkeit (Upeksha) beschrieben sind (Seite 38). Sie wollen uns helfen, mit unseren mentalen Hindernissen wie Zweifel, Abgelenktheit, Trägheit und Mangel an innerer Ausrichtung oder Unbeständigkeit umzugehen. Denn diese begegnen uns ständig sowohl im täglichen Leben als auch auf unserem Yogaweg und lassen immer wieder Unruhe in unserem Geist entstehen.

Das Ziel der Reflexion und Meditation über die Yamas und Niyamas ist also die Wandlung unseres normalerweise unruhigen Geistes in einen friedvollen, klaren und ruhigen Geist.

Der Weg zu förderlichem Handeln beginnt immer bei uns selbst

Wenn wir diese zehn Vorschläge auf uns wirken lassen, die eine Vision entwerfen, wohin solch ein achtsames Bedenken und Handeln uns führt, dann wird klar, dass sie alle gleichermaßen nach innen – in unser Innenleben – und nach außen – zu unseren Mitmenschen, Mitgeschöpfen und der Umwelt – wirken. Es erscheint logisch, dass die Klärung unseres Verhaltens zu unserer Umgebung nur in uns selbst, das heißt im Umgang mit uns selbst, beginnen kann. Wie soll man sich denn zum Beispiel überlegt, behutsam und rücksichtsvoll gegenüber allem, das lebt (das Yama Ahimsa) verhalten, wenn man es nicht mit sich selbst eingeübt hat und auch praktiziert? Wie kann man in seinen Außenkontakten aufrichtig und wahrhaftig sein (Satya), wenn man zu sich selbst kein aufrichtiges, ehrliches Verhältnis pflegt, indem man seine Licht- und Schattenseiten erkennt und als Teil von sich selbst anzuerkennen und zu integrieren lernt? Wie soll man maßvoll in seinem Begehren sein (Brahmacharya), wenn man nicht gelernt hat, mit seinen eigenen Ressourcen überlegt und maßvoll umzugehen?

Ich denke, dass nur aus der eigenen Erfahrung heraus eine wirkliche Klärung, Reinigung und Ausrichtung zum Positiven in unserem Verhalten möglich wird. Sonst wären die zehn Yamas und Niyamas womöglich doch nichts anderes als die »Zehn Gebote des Yoga«, als die sie früher immer angesehen wurden (und die niemand wirklich noch zu den christlichen zehn Geboten dazu haben wollte). Die Einsichten, zu denen wir finden, gründen ja schließlich auch alle auf unseren inneren Erfahrungen.

Die Gedanken, die in den Yamas und Niyamas niedergelegt wurden, helfen uns, überhaupt erst einmal zu erkennen, wie wir uns selbst und anderen begegnen. Sie helfen uns zu verstehen, ob unsere gewohnten, eingeschliffenen Verhaltensweisen eher günstig oder eher ungünstig sind. Dadurch können wir erkennen, wie unsere Sichtweisen und unsere daraus resultierenden Einstellungen in unserer inneren und in der äußeren Welt wirken und was sie bewirken. So wird es uns möglich zu verstehen, womit wir uns selbst und anderen immer wieder Leid erschaffen und wie wir dieses Leid vermeiden können.

Yoga ist Bewusstheit im Alltag

Wenn wir uns also dafür interessieren, wie wir mit uns und der Welt umgehen, können wir lernen, mit den Mitteln des Yoga – hier mittels der Reflexion und Meditation – die Inhalte des Yoga in unserem Leben wirksam werden zu lassen.

So könnte man sagen, dass das bewusste Einbeziehen der Yamas und Niyamas in unser Denken und Handeln es möglich machen wird, dass der Yoga wirklich in unserem Alltag ankommt.

Dann erst lässt sich die Forderung der Sprüche »Yoga ist bewusstes Handeln« oder »Yoga ist Bewusstheit im Alltag« tatsächlich einüben und schließlich mehr und mehr umsetzen, bis alles Denken, Fühlen und Handeln in der Einsicht mündet: »Alles Tun ist Yoga.«

Ein Mensch, der eine solche Denkweise entwickelt hat, wird aus sich heraus, ganz zwanglos und natürlich achtsam, behutsam und maßvoll leben; also nicht weil er sich dazu verpflichtet fühlt, sondern weil er sich mit einer Lebensweise wohlfühlt, in der sein Geist stabil und ruhig bleiben kann. Er wird so leben wollen, weil er erfährt, dass er sich, seinen

Mitmenschen und seiner Umwelt damit das Leid erspart, das durch un-
achtsames, egozentrisches und gieriges Verhalten entsteht. Auch eine
ökologische Lebensweise wird dann nicht mehr nur als Verpflichtung
empfunden, sondern sie ergibt sich von allein aus dem Wunsch, der Welt
und ihren Wesen mit Achtung, Respekt und Achtsamkeit zu begegnen.

So entscheiden und handeln, dass es für alle günstig und förderlich ist

Das Yoga-Sutra gibt uns eine wichtige Unterstützung auf den Weg,
damit wir eine solche Verhaltensweise einüben und in uns dauerhaft
etablieren können. Dazu heißt es im Sutra 2.33: »Wenn wir in Kon-
flikt darüber geraten, wie wir uns verhalten sollen, kann es hilfreich
sein, uns verschiedene andere Lösungswege vorzustellen und über die
jeweils zu erwartenden Auswirkungen dieser Lösungsmöglichkeiten
nachzudenken.«[58] Sriram bringt in seinem Kommentar dieses Sutras
noch einen anderen Aspekt mit hinein, wenn er vorschlägt: »Nur durch
intensives, gefühltes Sich-Hineinversetzen in die Empfindung eines anderen ist es möglich, die Unsicherheit bezüglich des eigenen Verhaltens
zu klären.«[59]

Wenn wir zum Beispiel in einer uns sicher allen wohlbekannten
Zwickmühle sitzen, weil wir einerseits aufrichtig sein und die Wahrheit
sagen wollen, gleichzeitig aber vermuten, dass das Aussprechen dieser
Wahrheit jemand anderen verletzen würde, dann können wir – wenn
wir den Vorschlägen des Yoga-Sutras folgen – zum einen versuchen, uns
in unser Gegenüber hineinzuversetzen und unser Mitgefühl sprechen
zu lassen. Zum anderen haben wir die Möglichkeit, uns zu überlegen,
was die Folgen des Aussprechens oder des Nicht-Aussprechens dieser
Wahrheit (bzw. unserer ehrlichen Ansicht) sein könnten. Dann können
wir uns fragen, ob diese (vermuteten) Folgen für alle Beteiligten hilfreich, günstig und förderlich sind.

»Wir sollten unsere bevorstehende Tat hinterfragen: Zieht sie mich in
Richtung Verletzen, Lügen, Verunreinigung, Unzufriedenheit usw.? …

---

58   In der Übertragung von T. K. V. Desikachar, a. a. O., S. 82.
59   Sriram, a. a. O., S. 127.

Hat die Tat Gier, Wut oder Unklarheit als Motivation? Ist meine Motivation mild, mäßig oder intensiv? Wird sie endlose Folgen (von Leid, Verwirrung, Angst usw.) mit sich bringen?«, fragt Sriram in seiner Übersetzung des Sutras 2.34[60].

In diesem Abwägen (Viveka) sollten wir gleichermaßen unser Herz, unser Bauchgefühl und unseren Verstand zu Wort kommen lassen.

Im Umgang mit den Yamas und Niyamas ist also das Abwägen unter Zuhilfenahme unserer Erfahrung, unseres Wissens, unseres Gefühls und unserer Intuition wesentlich. Schlussendlich geht es immer darum, herauszufinden, welches Verhalten und Handeln wesentlich und nachhaltig für unser eigenes Sein und das unserer Umwelt ist und welches unwesentlich und vergänglich. Auf der Grundlage dieser Erkenntnisse und Einsichten wird es uns zunehmend möglich, uns von gewohnten ungünstigen oder wenig hilfreichen Verhaltensmustern zu lösen. Patañjali beschreibt, dass wir mit dieser neuen Ausrichtung unserer Achtsamkeit eine Gegenströmung (Pratipaksha) einleiten. Sie hilft uns, von ungünstigem Verhalten weg und zu günstigem »hinzuströmen«.

Den Yamas und Niyamas verbunden bleiben – in guten wie in schlechten Zeiten

Anfangs wird es uns wahrscheinlich nur dann möglich sein, in völliger Übereinstimmung mit den Yamas und Niyamas zu handeln, wenn in unserem Leben »alles im grünen Bereich ist«.

Wenn es uns gut geht, sind wir doch immer gerne rücksichtsvoll und achtsam (Ahimsa), aufrichtig (Satya), frei von Begehrlichkeit (Asteya), maßvoll und im Einklang mit den eigenen Bedürfnissen und denen unserer Umwelt (Brahmacharya) und anspruchslos (Aparigraha). Wenn wir uns wohlfühlen, ist unser Geist klar und ungetrübt (Shauca), wir sind zufrieden und dankbar (Santosha), wir sind eifrig bei der Sache (Tapas), sind bereit, unser Denken, Fühlen und Handeln zu reflektieren (Svadhyaya), und haben kein Problem, unsere Grenzen anzuerkennen und uns dem Fluss des Lebens hinzugeben (Ishvara Pranidhana).

---

60   Sriram, a. a. O., S. 128.

Wenn unser Leben jedoch mühsamer wird, wenn Schwierigkeiten und Widerstände auftreten, wenn nicht alles nach Plan läuft oder sogar richtig schiefgeht, dann gerät eine solche innere Ausrichtung schnell in Gefahr. Unsere alten Begierden, Abneigungen, Erwartungen und Ängste leben wieder auf und bekommen Macht über uns – und die förderlichen Eigenschaften bröckeln nach und nach weg. Deshalb geht es laut Patañjali darum, einzuüben, unter allen Umständen den Verhaltensvorschlägen der Yamas und Niyamas verbunden zu bleiben, denn gerade in den Zeiten der Krise brauchen wir ja die klare, ruhige und friedvolle Geistesverfassung, die daraus resultiert!

Die innere Ordnung der Yamas und Niyamas

Die hier dargelegte Interpretation der inneren Ordnung der Yamas und Niyamas ist aus einer ständigen Reflexion und Meditation über die Themen entstanden, durch die sich mir meine geistigen und psychischen »Arbeitsfelder« – oder besser »Baustellen« – eröffneten.

Die Yamas und Niyamas stehen im Yoga-Sutra als Auftakt eines Übungsweges, der sich in endlosen Wiederholungen durch die acht Glieder bewegt. Diese Stellung zeigt meiner Ansicht nach, dass wir mit ihrer Hilfe zuerst eine bestimmte Geistesverfassung einüben sollen, um diese dann in die Körperhaltungen (Asana) und die Befreiung und Verfeinerung des Atemstroms (Pranayama) mitzunehmen. Vor allem aber brauchen wir diese friedvolle, ruhige, klare Geistesverfassung (Citta prasadana), um unsere Sinne zurückziehen zu können (Pratyahara), ruhig und aufmerksam auf etwas ausgerichtet zu bleiben (Dharana) und für die Meditation (Dhyana), das heißt für diesen Zustand innerer Gelöstheit, durch den wir mit unserem Wesenskern eins werden können.

Eine chronologische Ordnung aufzustellen, in der diese Vorschläge für den Umgang mit uns und der Welt durchdacht werden sollen, ist schwierig, da sie alle ganz stark ineinandergreifen und vielfältig miteinander verwoben sind.[61] Allerdings meine ich, dass sich das Thema der

---

61 Wenn du also merken solltest, dass du die Reflexionen/Meditationen anders ordnen willst, lass dich bitte von deiner Intuition leiten.

Selbsterforschung und Selbstreflexion (Svadhyaya) wie ein roter Faden durch alle folgende Niyamas und Yamas zieht, denn es ist und bleibt ja das herausragend große Thema des Yoga an sich!

Deswegen sind die ersten drei Niyamas, mit denen ich mich beschäftigen möchte, Tapas, Svadhyaya und Ishvara Pranidhana. Sie werden auch am Beginn des zweiten (Praxis-)Kapitels des Yoga-Sutras behandelt, wenn Patañjali die Qualitäten definiert, durch die unser (Yoga-)Übungsweg gekennzeichnet werden soll.[62] Dadurch ergibt sich für mich eine innere Logik: Wir beginnen, uns auf unseren Übungsweg (Sadhana) zu begeben, weil wir merken, dass irgendetwas in unserem Leben nicht mehr stimmt. Wir wollen etwas verändern, etwas in uns wandeln – und dieser Wille, der uns dazu treibt, wird genährt von unserem inneren Interesse (Tapas). Keine Veränderung ist möglich ohne eine fortwährende Selbstbeobachtung und Selbstreflexion (Svadhyaya), denn sie hilft uns, das richtige Maß in unserem Bemühen zu finden und unsere Grenzen anzuerkennen und zu akzeptieren (Ishvara Pranidhana). Und genau diese drei Qualitäten brauchen wir dann auch, um nun die einzelnen konkreten Schritte auf dem achtfachen Pfad (Ashtanga-Yoga) zu gehen, so wie ich es weiter oben bereits dargestellt habe.

Meditationen über die Yamas und Niyamas

Tapas – Inneres Feuer

Der Begriff Tapas umreißt im Sanskrit ein großes Wortfeld. Es kann bedeuten: (inneres) Feuer, (innere) Glut, Begeisterung, starke Motivation (darauf brennen/heiß sein, etwas zu tun). Als dieses Feuer ist es reinigend und klärend.

Tapas kann auch heißen: Askese, Entsagung, Opfer und Verzicht. Das bezieht sich darauf, dass wir, wenn wir uns für etwas glühend begeistern

---

62   Die Yamas und Niyamas werden in folgenden Yoga-Sutras behandelt: Ahimsa 2.35, Satya 2.36, Asteya 2.37, Brahmacharya 2.38, Aparigraha 2.39, Shauca 2.40–41, Santosha 2.42, Tapas 2.43, Svadhyaya 2.44, Ishvara Pranidhana 2.45.

– zum Beispiel für unsere Yogapraxis –, gerne bereit sind, dafür jeden Morgen etwas Schlaf zu opfern. Wir verzichten auf die Zeit im warmen Bett, um Zeit zum Üben zu haben. Hier bedeutet Tapas auch freudige Disziplin und Selbstverpflichtung. Dieser Aspekt von Tapas hilft uns, in unserem Leben ganz klare Prioritäten zu setzen, die dann unserem Handeln Klarheit und Ausrichtung geben.

Wenn wir getragen von dieser Motivation handeln, werden sich die Hindernisse im Geist und die Blockaden im Körper verringern, so wie es uns im Yoga-Sutra 2.43 verheißen wird. Wenn die Energie unseres Tapas uns trägt, werden wir keine Mühe haben, regelmäßig zu üben und die Yogapraxis immer mehr zum Teil unseres Alltags werden zu lassen.

Meditation über Tapas

- Komm in einen aufrechten und bequemen Sitz deiner Wahl.
- Schließe die Augen und ziehe dich in deinen inneren Raum zurück.
- Werde dir bewusst, was dir in deinem Leben wirklich wichtig ist. Was hat für dich die oberste Priorität? Was möchtest du unter allen Umständen in deinem Leben etablieren?
- Nimm dir ausreichend Zeit, um darüber nachzusinnen.
- Entspanne dabei deinen Geist. Lass ihn offen, weit und frei werden, sodass deine innere Stimme zu dir sprechen kann.
- Werde dir deiner Gefühle bewusst: Wenn etwas auftaucht, das du an die oberste Stelle deiner Prioritätenliste setzen möchtest, spüre in dich hinein. Was sagt dein Gefühl? Ist es ein gutes Gefühl? Fühlt sich diese Gewichtung richtig und stimmig an?
- Spüre, wie – wenn dein gutes Gefühl aufleuchtet – sich deine inneren Prioritäten ordnen. Nun weißt du klarer, wie du dein Handeln gewichten wirst und wohin du den größten Teil deiner Energie und deines Enthusiasmus fließen lassen möchtest.
- Verbinde dich mit der Freude, diesen Entschluss nun in die Tat umzusetzen, und spüre, wie leicht es dir fällt, dafür auf etwas anderes zu verzichten.
- Wiederhole diese Meditation so lange, bis sich dein Entschluss und deine Ausrichtung so in dir festigen, dass du darauf bauen kannst.

Svadhyaya – Selbsterforschung

Svadhyaya bedeutet Selbststudium, Selbsterforschung. Bei diesem Niyama geht es ganz wesentlich darum, sich selbst nahe zu kommen (das ist auch die wörtliche Übersetzung), um zu erkennen, wer ich (geworden) bin, wie ich »funktioniere«, wodurch ich mir immer wieder Leid erschaffe und was mir guttut.

Svadhyaya hat sehr viel damit zu tun, dass wir lernen zu erkennen, was uns ein »gutes Gefühl« verschafft. Dieses »gute Gefühl« ist völlig unabhängig von äußeren Bedingungen. Es entsteht vielmehr durch die Art und Weise, wie wir mit den Begebenheiten, den Bedingungen – kurz: mit dem, was ist – umgehen, wie wir sie bewerten und einordnen.

»Das Selbststudium führt zu einer Verbindung mit Bildern und Themen, die uns auf den spirituellen Weg lenken können«, übersetzt Sriram dieses Sutra. Und Desikachar ergänzt in seinem Kommentar: »Finden wir den richtigen Weg für unsere Suche nach Weisheit, so lernen wir, unsere Schwächen und Stärken klarer zu sehen und sie entsprechend zu vermindern oder zu verstärken.«[63]

In diesem Zusammenhang erscheint es mir als äußerst wichtig, zu bemerken, dass sowohl die Konzepte des Yoga als auch die der Hirnforschung übereinstimmend sagen, dass wir nicht ausradieren können, was wir durch Prägung und durch unsere Erfahrungen geworden sind. Jede unserer Prägungen (Samskara) wird in unserem Gehirn durch eine feste neuronale Verschaltung repräsentiert, und die können wir nun mal nicht einfach rausreißen und entsorgen, um sie für immer loszuwerden.

Es geht in diesem Prozess vielmehr darum, eine Gegenströmung zu erzeugen: All dem, was wir in unserem Gewordensein als ungünstig, einschränkend, begrenzend und nicht förderlich erfahren, stellen wir innere Bilder entgegen, zu denen wir uns hinentwickeln möchten und in die wir hineinwachsen wollen. Das sind die bei Sriram erwähnten inneren Bilder oder Themen, die wir auswählen sollen, damit sie uns auf einen spirituellen Weg lenken, der zu Einsicht, Gelassenheit und Vertrauen führt, also zu den Qualitäten, die wir eben auch haben.

---

63 Desikachar, a. a. O., S. 37.

Wir erforschen uns im Yoga, um zu erfahren, was in uns ruht, wenn wir unser Gewordensein transzendieren. Das heißt, wir wollen die Qualitäten in uns entdecken, die das innerlich Unverletzliche und Unvergängliche repräsentieren, und uns mit diesen verbinden.

Meditation über Svadhyaya

- Komm in einen aufrechten und bequemen Sitz deiner Wahl.
- Schließe die Augen und ziehe dich in deinen inneren Raum zurück.
- Werde dir bewusst, wodurch dir immer wieder Schwierigkeiten im Leben entstehen.
- In welchen Situationen fühlst du dich mit dir selbst/in dir selbst unwohl?
- In welchen Situationen fühlst du dich im Kontakt mit anderen Menschen unwohl?
- Reflektiere die Empfindungen und Gefühle, die in dir aufkommen.
- Werde dir bewusst, welche ungünstigen bzw. wenig hilfreichen Verhaltensweisen sich in dir etabliert haben. Bleibe ganz gelassen in der Begegnung mit diesen inneren Mustern. Schau sie dir einfach an und spüre, wo sie dich immer wieder hinführen.
- Dann öffne dich der Vorstellung, welches Verhalten und welche Vorgehensweisen günstiger und hilfreicher wären.
- Womit würdest du dich wohler fühlen? Was fühlt sich für dich gut und stimmig an?
- Stell dir so konkret wie möglich vor, wie du ein solches neues Verhaltensmuster im täglichen Leben und in den konkreten Situationen, die dir vorhin in den Sinn gekommen sind, einsetzen möchtest.
- Wiederhole diese Meditation so lange, bis du spürst, dass sich die neuen Verhaltensmuster und diese neue Ausrichtung deiner Wahrnehmung und deines Tuns in deinem Leben etablieren, sodass sie dir zunehmend unter allen Umständen zur Verfügung stehen.

Ishvara Pranidhana – Hingabe

Ishvara Pranidhana bedeutet Hingabe bzw. »Erfurcht gegenüber einer höheren Kraft«.[64] Diese Art zu handeln wurde schon lange bevor das Yoga-Sutra entstand, als hilfreich angesehen. Wir finden diese Gedanken auch im Karma- und im Bhakti-Yoga der Bhagavadgita, wo der Gott Krishna fordert, dass man ihm alles Tun widmen solle. Damit wird die Ausrichtung unseres Handelns, die uns nie ganz klar sein kann, da unsere menschliche Perspektive notwendigerweise beschränkt ist, einer höheren Instanz übergeben. Man handelt mit der inneren Einstellung: »Dein Wille geschehe!«

Ishvara Pranidhana hat sehr viel mit Vertrauen zu tun. Da wir die Sinnhaftigkeit unseres Denkens und Handelns in einer hochkomplexen Welt, in der alles mit allem zusammenhängt, nie vollkommen werden erfassen können, vertrauen wir darauf, dass wir nach bestem Wissen und Gewissen die angemessenen Entscheidungen getroffen haben und dass wir mit unserem eifrigen und achtsamen Tun einen hilfreichen und förderlichen Beitrag zum großen Ganzen liefern mögen.

Wenn wir diese innere Einstellung in uns kultivieren, dann erkennen wir, dass wir nicht mehr tun können, als mit unseren besten Absichten unser Bestes zu geben. Was wir damit bewirken, können wir nicht einschätzen. Wir können auch nicht einschätzen, ob unser Einsatz angemessen, zu viel oder zu wenig ist. Das Einzige, das wir wissen können – weil unser gutes Gefühl es uns sagt –, ist, dass wir gedacht und getan haben, was wir für förderlich hielten.

Deshalb geht Desikachar in seiner Interpretation noch weiter, wenn er sagt, dass Ishvara Pranidhana auch bedeutet, dass wir die Grenzen unseres Tuns anerkennen.[65] Wenn uns zum Beispiel am Herzen liegt, etwas zu tun, um die »Welt zu retten«, dann schützt uns die Erkenntnis, dass wir immer nur in uns selbst und in unserem unmittelbaren Umkreis wirklich etwas bewirken können, vor der unseligen Selbstüberschätzung, die wir so oft bei den »Weltverbesserern« beobachten können.

---

64 So überträgt Desikachar den Begriff im Sutra 2.32, a. a. O., S. 81.
65 Ebenda.

Ishvara Pranidhana kann uns darin unterstützen, mit Freude anzuerkennen, dass wir nur ein Werkzeug für einen größeren Willen sind, dem wir in unserem kleinen, begrenzten Wirkungskreis zuarbeiten können.

Eine solche innere Einstellung bewahrt unseren Geist davor, bestimmte Resultate unseres Handelns zu erwarten. Wenn wir die Haltung von Ishvara Pranidhana in uns etablieren, werden wir zunehmend gelassener und gleichmütiger gegenüber unseren Erfolgen und Misserfolgen. Und das ist eine Geistesverfassung, die im Yoga als außerordentlich heilsam angesehen wird.

Meditation über Ishvara Pranidhana

- Komm in einen aufrechten und bequemen Sitz deiner Wahl.
- Schließe die Augen und ziehe dich in deinen inneren Raum zurück.
- Werde dir bewusst, welches Tun in deinem Leben dir wirklich wichtig ist (zum Beispiel eine gute Partnerschaft zu pflegen, deine Kinder gut zu erziehen, liebevolle Freundschaften zu pflegen, deinen Beitrag zum Wohlergehen der Welt zu leisten, mithilfe deiner Yogapraxis mehr Klarheit zu entwickeln, deine Potenziale zu entfalten usw.).
- Mache dir bewusst, welche Motive und Absichten dich in diesem Tun antreiben. Und dann lass diese Motive und Absichten los.
- Stell dir vor, dass du das, was dir wirklich wichtig ist, ohne besondere Absichten und Erwartungen einfach tust.
- Stell dir vor, dein Bestes zu geben und gleichzeitig dein Handeln einer höheren Kraft zu überantworten.
- Werde dir bewusst, welche Gefühle und Empfindungen mit dieser Vorstellung einhergehen, dein Tun einer höheren Macht zu widmen.
- Wiederhole diese Meditation so lange, bis du spürst, dass du, ohne etwas dafür zu erwarten, dein Bestes geben magst und somit gleichmütiger und vertrauensvoller gegenüber den Wirkweisen deines Tuns geworden bist.

Shauca – Reinheit

Der Begriff Shauca bedeutet Reinheit. Gemeint ist damit der Prozess, sich von mentalen Schlacken zu reinigen, das heißt von ungünstigen, einengenden, negativen oder sogar destruktiven Denkmustern und den daraus resultierenden Verhaltenweisen. »Ein Mensch mit einem reinen (geklärten, A.T.) Geist ist nicht (mehr, A.T.) von falschen Wahrnehmungsmustern aus der Vergangenheit negativ beeinflusst«, übersetzt Desikachar den Beginn des Sutras 2.41.[66]

Shauca hat als erstes der Niyamas, also der Vorschläge im Umgang mit sich selbst, einen besonderen Platz. Wenn wir uns selbst durch den fortwährenden Prozess der Selbsterforschung nahe kommen, werden wir in aller Regel merken, wie viele negative Muster aus der Vergangenheit in uns eine tiefe Wut, Traurigkeit oder Hoffungslosigkeit nähren. Es sind die ganz alten, tiefsitzenden Prägungen, unsere »Leichen im Keller«, die immer wieder unsere Gefühle beeinflussen – zum Beispiel alte Glaubensmuster, die uns denken lassen, nicht liebenswert zu sein, nur etwas wert zu sein, wenn wir etwas leisten, oder Gefühle von Misstrauen, Selbstzweifel, Minderwertigkeit, Mangel. Solange wir uns dieser inneren Kräfte nicht bewusst sind, werden sie aus dem Unbewussten heraus stets unser Denken, Fühlen und Handeln bestimmen.

Yoga versteht sich als ein Weg der Klärung und Reinigung (Sattva Shuddhi). Wenn wir beginnen, unseren Geist (Citta, im Sutra 2.41 Sattva genannt) zu reinigen, dann begünstigen wir damit unsere Fähigkeit, positiv zu denken und auf ein Ziel ausgerichtet zu bleiben, das uns erlaubt, uns zu entwickeln und zu wachsen. Je mehr unser Geist von diesen ungünstigen, Beschwernis erschaffenden Mustern gereinigt ist, desto ruhiger, stabiler und friedlicher kann er sein.

In den beiden Sutras zu Shauca steckt noch ein anderer Aspekt. Es heißt in 2.40: »Reinigung führt im Verhältnis zum eigenen Körper zu einem Abstand und zur Unberührtheit von anderen Menschen und äußeren Dingen.«[67] Das bedeutet, dass wir in diesem Klärungsprozess

---

66 Desikachar, a. a. O., S. 86.
67 In der Übertragung von Sriram, a. a. O., S. 134.

auch das Verhältnis zu unserem Körper und damit zu unserem irdischen Sein und unserer Vergänglichkeit verändern. Desikachar interpretiert es so, dass wir dadurch »eine übermäßige Sorge über die vergänglichen Aspekte unseres Körpers aufgeben«[68] können.

Wenn wir unsere Vergänglichkeit akzeptieren, dann können wir erkennen, dass es viel wesentlicher für unser eigenes Wohlergehen und das unserer Umwelt ist, wenn wir beginnen, unser inneres Wesen zu entdecken und entfalten.

Im Kontakt mit unserem inneren Wesen klären sich auch unsere Beziehungen zu den anderen Menschen. Wir kümmern uns dann nicht so viel darum, was sie über uns denken und sagen mögen, sondern suchen eher den Kontakt von Herz zu Herz bzw. von Wesenskern zu Wesenskern. Wir hören auf, andere Menschen nach äußeren Kriterien (Aussehen, Benehmen, Status usw.) zu bewerten, und beginnen stattdessen, nach dem Ausschau zu halten, was sie einzigartig und wertvoll macht.

Diese Verschiebung in der Wahrnehmung gilt auch für unsere Beziehung zu äußeren Dingen. Wenn wir reflektieren, welchen Wert wir ihnen zuschreiben und welche Macht wir ihnen damit über uns geben, werden wir wahrscheinlich ein großes Bedürfnis verspüren, diesen Zustand zu beenden. Damit wird der Grundstein zu einer echten, authentischen Anspruchslosigkeit und Bescheidenheit gelegt, die aus dem Wunsch resultiert, all die überflüssigen Überlegungen, Projektionen, Verpflichtungen, Erwartungen und Hoffnungen endlich loszuwerden.

Meditation über Shauca

- Komm in einen aufrechten und bequemen Sitz deiner Wahl.
- Schließe die Augen und ziehe dich in deinen inneren Raum zurück.
- Werde dir bewusst, welche deiner Gedanken, Gefühle und Glaubenssätze dich einengen und deinen Geist immer wieder beunruhigen.
- Reflektiere, welche Wichtigkeit du solchen Gedanken und den daraus resultierenden Gefühlen zuschreibst und welche Macht du ihnen damit gibst.

---

68 Desikachar, a. a. O., S. 86.

- Finde für dich heraus, welcher Gedanke und welches Gefühl dich am meisten behindert und bedrückt.
- Werde dir bewusst, dass tief in dir ein Teil deiner selbst – dein Wesenskern – ruht, der von all diesen Gedanken, Gefühlen und Glaubensmustern nie berührt wird.
- Stell dir vor, von dort aus – aus deinem tiefsten Wesen heraus – auf das zu schauen, was dich so sehr beschäftigt und behindert.
- Stell dir vor, dass du all diese Gedanken, Meinungen, Glaubenssätze usw. allmählich loslassen kannst – weil du sie einfach immer weniger brauchst.
- Finde nun in dir die Bilder, die dir Raum und Weite geben. Finde die positiven Gedanken, die dich mit deinem innersten, unverletzlichen und ewigen Wesenskern verbinden.
- Stell dir vor, diese Bilder und diese innere positive Ausrichtung immer mehr in deinem Leben zu etablieren.
- Wiederhole diese Meditation so lange, bis du spürst, dass du diese positive Ausrichtung in dir auch in schwierigen Zeiten aufrechterhalten kannst und dass deine alten Denk- und Gefühlmuster deinen Geist nicht mehr beunruhigen.

Satya – Wahrhaftigkeit

Satya bedeutet Aufrichtigkeit und Wahrhaftigkeit. Satya ist das zweite der Yamas, der Regeln im Umgang mit unserer Umwelt. Es steht damit in einem sehr engen Zusammenhang zu dem ersten Yama Ahimsa, der Rücksichtnahme und Gewaltlosigkeit.

Wir alle wissen, dass eine »nackte« Wahrheit außerordentlich verletzend sein kann – wenn wir mit einer solchen Wahrheit bedacht werden genauso, wie wenn wir sie selbst, oft wie eine Waffe, verwenden. Deshalb sollten wir immer bedenken, wie wir unsere Wahrheiten äußern. Hier gilt es, genau zu bedenken und abzuwägen, ob unsere Äußerungen günstig und förderlich sind, ob sie hilfreich für uns und den anderen Menschen sind und welche Folgen sie haben können. Oft werden wir dann feststellen, dass es viel besser ist, unsere Meinungen – die wir für die Wahrheit halten – bei uns zu belassen. Dann können wir unsere Energie dafür aufwenden, zu reflektieren, ob das, was wir als wahr erachten, nicht nur eine der üblichen alten Regungen unseres Egos ist, das sich wieder einmal wichtig machen möchte.

Der zweite wichtige Aspekt von Satya besteht darin, in der Reflexion und Meditation herauszufinden, was meine Wahrheit ist, wozu ich stehen kann und in welcher Hinsicht sich das Heucheln in mein Denken und Fühlen eingeschlichen hat.

Gerade auf dem Yogaweg meinen wir oft, etwas leben zu müssen, wozu wir innerlich noch gar nicht bereit sind. Wir meinen, weil wir uns jetzt dem Yoga verschrieben haben, dürften wir nicht mehr schlecht gelaunt, unfreundlich oder sogar fies sein. Solange unser Geist aber noch nicht den großen, lang andauernden und tiefgreifenden Reinigungsprozess – den Sattva Shuddhi (Seite 181) – durchlaufen hat, wirken diese Kräfte noch in uns. Das sollten wir anerkennen, wenn wir ehrlich mit uns sind. Wir können sehen lernen, was noch alles in uns im Schatten liegt. Wir können anerkennen lernen, dass wir uns bemühen, damit umzugehen und uns davon zu entlasten. Und wir können uns immer wieder sagen: »Ich bin ein Meister, der übt / Ich bin eine Meisterin, die übt!«

Auf diese Weise hören wir auf, uns über andere (zum Beispiel über die, die kein Yoga machen) zu erheben und uns und den anderen etwas vorzuheucheln. Das Heucheln, das Mit-sich-nicht-ehrlich-Sein bleibt immer wie ein Schatten über unserem Wesen, denn tief in uns gibt es ja eine Instanz, die ganz genau und untrüglich weiß, dass wir nicht sind, was wir vorgeben zu sein!

Mit sich ehrlich zu werden heißt, mehr und mehr in Überstimmung mit dieser inneren Stimme zu kommen, zu dem zu stehen, was wir jetzt sind, und uns zuzugestehen, dass wir wirklich einüben müssen, zu leben, was wir sind – denn das hat uns keiner beigebracht.

Das Yoga-Sutra sagt, dass im Verlauf dieses Prozesses irgendwann unser innerer Anspruch und das, was wir sagen und tun, miteinander in Übereinstimmung kommen werden. Das bedeutet, dass wir authentisch werden – und damit für uns selbst und für unsere Umwelt einschätzbar, glaubhaft und verlässlich, weil nicht ständig verborgene, nicht zugelassene psychische Regungen (wie Begierden, Abneigungen, Ängste usw.) unbewusst unser Tun beeinflussen.

Meditation über Satya

- Komm in einen aufrechten und bequemen Sitz deiner Wahl.
- Schließe die Augen und ziehe dich in deinen inneren Raum zurück.
- Werde dir bewusst, wie ehrlich und aufrichtig du dir und anderen gegenüber bist.
- Wie gehst du damit um, anderen die Wahrheit zu sagen? In welchem Maße musst du deine Ansichten – deine Wahrheit – loswerden?
- Sprichst du manchmal eine »Wahrheit« aus, um jemanden zu kränken oder zu verletzen? Wie fühlst du dich, wenn du dich so verhältst? Wie fühlst du dich, wenn dich ein anderer Mensch mit solch einer Wahrheit konfrontiert?
- Lass diese Gefühle und Empfindungen auf dich wirken.
- Stell dir vor, dich von solch überheblichen Einstellungen zu trennen, die du dir im Umgang mit anderen Menschen erlaubst.
- Stell dir vor, dass in dir ein Wesenskern ruht, der durch keine Wahrheit, die ein anderer Mensch über dich sagt, berührt werden kann.
- Gleichzeitig werde dir aber auch bewusst, welches Körnchen Wahrheit vielleicht in der einen oder anderen Meinung enthalten sein könnte, die man dir gesagt hat. Nimm es an und bedenke es! Es kann dir helfen, etwas über dich zu erkennen und ggf. einen weiteren Prozess der Reinigung in dir einzuleiten.
- Gehe noch tiefer in dich und werde dir bewusst, als wen du dich ganz tief in dir empfindest.
- Was empfindest du als dein wahres inneres Wesen?
- Was ist diesem innersten Wesen wichtig?
- Wie lebt es seine Wahrheit? Was fühlt sich für dich – ganz tief drinnen – stimmig und gut an?
- Stell dir vor, diesem Anteil mehr und mehr Raum in deinem Leben zu geben. Stell dir vor, unverstellt zu leben und zu all deinen Fähigkeiten, zu deiner wahren Größe und zu deinen Schwächen zu stehen.
- Wiederhole diese Meditation so lange, bis du spürst, dass du beginnst, dein wahres Sein zu zeigen und zu leben, und es dir möglich ist, ein klares, reines Gefühl für deine Wahrheit zu empfinden und achtsam und behutsam mit ihr umzugehen.

Santosha – Zufriedenheit

Santosha bedeutet Zufriedenheit und meint einen Zustand innerer Ruhe. Der entsteht, weil »Begierden, Wünsche, Gier und der unstillbare Hunger oder Durst nach immer mehr von allem, was man für wünschenswert hält, ihren Antrieb verlieren und die Psyche zu einer natürlichen Ruhe in tiefer Zufriedenheit findet.«[69]

Es heißt in diesem Sutra, dass wir dann, wenn wir zufrieden werden, einen unermesslichen, das heißt uns jetzt noch nicht vorstellbaren Zustand von Sukha erfahren werden. Sukha bedeutet Leichtigkeit, Unbeschwertheit. Sukha ist ein angenehmer (Su) Raum (kha), ein Raum, in dem nichts stört und alles in rechter Ordnung ist. Desikachar umschreibt diese innere Geistesverfassung von Santosha treffend in Yoga-Sutra 2.32 als eine, die getragen ist von »Bescheidenheit und Zufriedenheit, die darauf beruht, dass wir mit dem glücklich sind, was wir haben, und nicht ständig etwas vermissen, das wir nicht haben.«[70]

Wenn wir (also endlich einmal) glücklich sind über das, was wir haben, entsteht in uns ein Bewusstsein von Fülle und Überfluss. Anstatt unsere Energien auf den (angeblichen) Mangel auszurichten, können wir aus dieser Fülle und diesem Überfluss schöpfen, der uns ja schon zur Verfügung steht, den zu erkennen wir nur nicht in der Lage sind.

Wenn wir der Fülle gewahr werden, kann ein Gefühl der Dankbarkeit in uns entstehen. Dankbarkeit für all das, was uns schon gegeben wurde an Einsichten, Erkenntnissen und Fähigkeiten, um diese Einsichten und Erkenntnisse in unserem Leben wirksam werden zu lassen. Es ist Dankbarkeit vor allem auch dafür, dass wir die Chance hatten, dem Yoga und der Meditation zu begegnen und uns von diesem alten Wissen in einen Reinigungs- und Transformationsprozess geleiten zu lassen, der uns hilft, Hinderliches und Beschwerendes hinter uns zu lassen. Dankbarkeit ebenso dafür, an den »neuen Ufern« entdecken zu dürfen, was wir uns alles schon erarbeitet haben, was wir bereits hinter uns gelassen

---

69   Patañjali/P. Y. Deshpande (Hrsg.)/Bettina Bäumer (Übers.): Die Wurzeln des Yoga. Die klassischen Lehrsprüche des Patañjali. O. W. Barth 2010, S. 128.
70   Desikachar, a. a. O., S. 81.

(entsorgt) haben und in welche Weite und in welchen inneren Reichtum wir hineinwachsen dürfen.

Aus dieser – tiefen – Dankbarkeit heraus entsteht ganz von allein die Durstlosigkeit, dieses Gefühl, gesättigt zu sein, von dem im Kommentar von Deshpande/Bäumer die Rede war. Wir fühlen uns dann wirklich und aufrichtig glücklich mit dem, was wir haben, und zwar weil wir nichts mehr be-nötigen (um eine innere Not zu wenden). Es reicht uns alles voll und ganz so, wie es ist.

Wir richten unsere Zufriedenheit nicht mehr daran aus, ob unsere Erwartungen erfüllt werden oder ob wir bekommen, was wir – materiell und immateriell – haben wollen. Wir haben verstanden, dass diese Form der »Erfüllung« immer nur vorübergehender Natur sein kann und dass wir, um dieses Gefühl des »Erfülltseins« aufrechtzuerhalten, ständig für Nachschub sorgen müssten. Und wir haben verstanden, dass dies ein endloses und schlussendlich aussichtsloses Unterfangen wäre.[71]

Santosha meint keineswegs, sich ab jetzt fatalistisch mit allem zufriedenzugeben, oder jegliche Abwesenheit von innerem Antrieb oder Ehrgeiz. Es meint vielmehr das Hinterfragen und Überdenken unserer Grundhaltung:

◆ Erfahren wir das Glas eher als halb leer, wodurch uns ein Mangelbewusstsein erwächst, das unsere Unzufriedenheit antreibt?

◆ Oder erfahren wir das Glas als halb voll, wodurch uns ein Bewusstsein der Fülle erwächst?

Die Antwort auf diese Frage hat einen großen Einfluss auf unsere gesamte geistige und körperliche Befindlichkeit. Und ganz sicher liegt hier ein Schlüssel zur Erfahrung von Glück.

Meditation über Santosha

- Komm in einen aufrechten und bequemen Sitz deiner Wahl.
- Schließe die Augen und ziehe dich in deinen inneren Raum zurück.
- Werde dir bewusst, als wie zufrieden du dich erfährst.

---

71 Diese Gedanken geben in meinen Worten den Kommentar von Desikachar wieder, a. a. O.

- In welcher Weise erlebst du Mangel? Meinst du, etwas zu benötigen, damit dein Geist zur Ruhe findet?
- Erinnere dich daran, wie du dir etwas gewünscht hast – und es dann schließlich bekommen hast. Wie lange warst du damit zufrieden? Hat dich die Erfüllung deines Wunsches wirklich erfüllt? Wie schnell keimte ein neuer Wunsch in dir auf?
- Werde dir bewusst, wie unzufrieden du immer wieder bist, wenn du die Erlangung und Erhaltung deines guten Gefühls abhängig machst von der Erfüllung deiner Wünsche und Erwartungen.
- Werde dir bewusst, dass du – wenn du damit fortfährst – niemals wirst zufrieden sein können: weil jeder Wunsch einen neuen Wunsch gebiert, weil es nie genug ist, weil es nie reicht …
- Werde dir deines Geisteszustandes bewusst, wenn du dich diesen Überlegungen hingibst, und beobachte deine Gefühle.
- Werde dir nun bewusst, was du alles schon hast.
- Spüre deinen Körper und mach dir bewusst, wo er überall wunderbar, reibungslos und für dich gar nicht wahrnehmbar funktioniert.
- Spüre, wie zum Beispiel – ohne dass du danach fragen musst – der Atem kommt und geht. Wie jeder Einatem dich erfüllt und nährt und wie jeder Ausatem dich von dem befreit, was du nicht mehr brauchst.
- Werde dir bewusst, wie die Kleidung, die dir zur Verfügung steht, dich wärmt und schützt.
- Werde dir bewusst, wie der Boden dich trägt.
- Werde dir bewusst, dass du Zeit findest, dich dieser Selbsterforschung zu widmen.
- Werde dir bewusst, was dir alles schon in deinem Leben gegeben wurde an Gesundheit, Fürsorge, Liebe, Bildung …
- Werde dir bewusst, wie reich dein Leben jetzt schon ist.
- Werde dir bewusst, dass du zu einem Übungsweg gefunden hast, der dich unterstützt und dir die Mittel zur Verfügung stellt, mit deren Hilfe du zu dir finden kannst.
- Werde dir bewusst, was du dir schon alles erarbeitet hast.
- Werde dir bewusst, was du schon alles hinter dir gelassen hast an Gewohnheiten, an Mustern im Denken und Fühlen, womit du früher immer wieder Leid erzeugt hast.

- Werde dir des Weges bewusst, den du schon gegangen bist.
- Spüre, wie dein Leben und dein Dasein dadurch erfüllt und reich sind.
- Lass ein Gefühl von Dankbarkeit in dir entstehen.
- Meditiere über dieses Gefühl und lass die Dankbarkeit sich immer mehr in dir ausbreiten.
- Werde dir deiner Geistesverfassung und deiner Gefühle bewusst.
- Spüre die natürliche Ruhe, die entsteht, wenn du in dir Dankbarkeit und tiefe, echte Zufriedenheit fühlst.
- Stell dir vor, der Zufriedenheit und Dankbarkeit mehr und mehr Raum in deinem Leben zu geben. Stell dir vor, wie voll, reich und gesegnet dein Leben dadurch wird.
- Wiederhole diese Meditation so lange, bis du spürst, dass du eine echte, tiefe Bedürfnislosigkeit zu empfinden beginnst, die auf dem Reichtum und der Fülle beruht, die jetzt schon in dir und mit dir sind.

Ahimsa – Rücksichtnahme

Ahimsa meint wörtlich: nicht verletzen bzw. Gewaltlosigkeit. Desikachar bietet jedoch noch eine weitere, sehr brauchbare Übersetzung an, und zwar Rücksichtnahme[72] und »überlegtes und behutsames Umgehen mit allem, was lebt, besonders mit den Lebewesen, die hilflos sind oder sich in Schwierigkeiten befinden«.[73]

Mir erscheint diese Übersetzung als besonders hilfreich, da sich die meisten von uns ja nur in den allerseltensten Fällen wirklich gewalttätig oder verletzend verhalten. Was wir aber durchaus jeden Tag an uns beobachten können, ist ein (gewisser) Mangel an Rücksichtnahme und Überlegung.

Oft genug handeln und sprechen wir drauflos, ohne wirklich zu bedenken, wie unser Sprechen oder Handeln bei einem anderen Menschen bzw. einem anderen Lebewesen ankommen könnte.

---

72 So von ihm gehört auf einer Reihe von Vorlesungen, die ich in den frühen 1990er Jahren bei ihm besucht habe.
73 Desikachar, a. a. O., S. 79.

Ahimsa steht an erster Stelle der Vorschläge im Umgang mit unserer Umwelt, was ihm ein besonderes Gewicht verleiht. Warum diese Maxime so wichtig ist, wird deutlich, wenn wir sie wieder einmal zuerst auf uns selbst beziehen: wenn wir uns also die Frage stellen, in welchem Maße wir mit uns selbst rücksichtslos, unüberlegt, nicht behutsam und sogar aggressiv umgehen – und zwar besonders dann, wenn wir uns in Schwierigkeiten befinden und uns hilflos fühlen.

In unserer Kultur gilt ein rücksichtsvoller Umgang mit sich selbst nicht unbedingt als erstrebenswert. Anscheinend ist die Sorge übergroß, dass wir uns zu sehr verhätscheln könnten, sodass allgemein erwartet wird, dass wir mit uns eher fordernd, streng und diszipliniert umgehen, dass wir möglichst »alles aus uns herausholen« und uns also möglichst wenig schonen.

Ein gutes Beispiel dafür ist der – gesellschaftlich durchaus anerkannte – Zwang zum Perfektionismus, der inneren Glaubenssätzen folgt wie etwa: »Was ich auch tue, es ist nie gut genug!« Oder: »Nur wenn ich etwas (genügend Gutes) leiste, bin ich etwas wert!« Eine Neigung zum Perfektionismus beruht in der Regel auf Unsicherheit und bewirkt häufig genug, dass die Menschen, die mit diesem Zwang leben, sich bis aufs Letzte (bis zum Burn-out) selbst ausbeuten und vor allem mental oft sehr abwertend und rücksichtslos mit sich selbst umgehen. Und sie sind oft sehr fordernd und unduldsam.

In Beziehungen sind Missachtung, Respektlosigkeit und Rücksichtslosigkeit eine subtile Form von Gewalt. Ein solches Verhalten wird genährt von einem starken Egoismus, der sich häufig genug auf tiefsitzender Unsicherheit gründet. Die Unsicherheit bewirkt, dass andere Menschen abgewertet werden müssen, und zwar mit Taten, mit Reden, mit Gesten und Blicken, mit der Körpersprache und in Gedanken. Die Abwertung selbst erzeugt in aller Regel Abwehr oder sogar Gegenwehr, sodass sich dann die Gewalt auf beiden Seiten etablieren kann. Neue Formen davon sind alle Arten von Mobbing, die wir zunehmend nicht nur an Arbeitsplätzen, sondern auch in Schulen beobachten können.

Gerade solche subtile Gewalt ist auf Dauer verheerend für den Einzelnen und die ganze Gesellschaft. Die Folge ist Verrohung – gegenüber den Mitmenschen, den Mitgeschöpfen und der gesamten Schöpfung.

Die Erfahrung hat gezeigt, dass sich Gewalt und Respektlosigkeit nicht mit den gleichen Mitteln behandeln lassen, ebenso wenig, wie sich eine Neigung zur Aggressivität unterdrücken lässt. Sie wird immer einen Weg finden, wenn sie nicht offen gezeigt werden darf, und äußert sich dann vielleicht in ständigem Sticheln, sarkastischen Bemerkungen oder Zynismus.

Nur der kann sich von Gewalt befreien, der wirklich tief verstanden hat, wie sehr er sich selbst mit einem solchen Verhalten schadet, zum Beispiel wenn er erkennt, dass aggressives Verhalten viele andere Menschen abstößt und einen einsam machen kann. Dann geht es als Nächstes darum, über günstigeres und förderlicheres Verhalten nachzudenken und gleichzeitig das eigene Selbstwertgefühl und Selbstvertrauen zu stärken.

Es heißt im Yoga-Sutra 2.35, das Ahimsa behandelt: »Je behutsamer ein Mensch handelt, desto mehr werden andere Menschen in seiner Gegenwart liebevolle Gefühle empfinden.« Desikachar kommentiert dazu: »Selbst jene Menschen, die sonst unfreundlich sind, zeigen in Gegenwart einer Person, die sehr besonnen und behutsam im Umgang mit anderen und mit sich selbst ist, eine andere Seite von sich und sind freundlich.«[74] Sriram drückt es sogar noch stärker aus, wenn er in seinem Kommentar schreibt: »Um denjenigen, der in aller Konsequenz Aggressivität vermeidet, bildet sich eine Insel der Friedfertigkeit.«[75]

Ich habe das Niyama Santosha unmittelbar vor Ahimsa behandelt, denn ich glaube, dass jemand, der zufrieden ist und dankbar für das, was er hat und was er ist, keine Neigung zu aggressivem Verhalten spürt und sich ganz selbstverständlich behutsam und rücksichtsvoll verhalten wird – sich selbst und anderen gegenüber.

Die folgende Meditation will vor allem helfen, besser zu verstehen, wie wir mit unserer offenen und versteckten Gewalt umgehen, was sie für uns bewirkt und mit welchem Verhalten wir eine solche »Insel der Friedfertigkeit« um uns herum erschaffen können.

---

74 Desikachar, a. a. O., S. 84
75 Sriram, a. a. O., S. 129

Meditation über Ahimsa

- Komm in einen aufrechten und bequemen Sitz deiner Wahl.
- Schließe die Augen und ziehe dich in deinen inneren Raum zurück.
- Werde dir bewusst, als wie behutsam, respektvoll und rücksichtsvoll du dich erfährst.
- Werde dir bewusst, wo in deinem Leben du dich als aggressiv in deinem Denken und Handeln erfährst.
- Versuche, dir diese inneren Bereiche mit großer Wahrhaftigkeit anzuschauen. Betrachte auch diese Seiten in dir mit Verständnis und Güte.
- Werde dir bewusst, wie du dich fühlst, wenn du indirekt oder direkt dem aggressiven Verhalten eines anderen Menschen ausgesetzt bist. Werde dir all der Gefühle bewusst, die ein solches Verhalten in dir hervorruft – auch der Aggressionen, der Wut oder Ablehnung, die dadurch in dir aufsteigen können.
- Stell dir vor, dass du dich allmählich von all den Aggressionen zurückziehst, mit denen du dir selbst und anderen Menschen schadest.
- Stell dir vor – und fühle –, wie es sich anfühlt, wenn du behutsam, achtungsvoll und freundlich mit dir und anderen Menschen umgehst.
- Meditiere über die Gefühle, die nun in dir aufsteigen, und gib ihnen damit mehr und mehr Raum in dir.
- Fasse einen Vorsatz, was du davon mit in deinen Alltag nehmen möchtest, und stelle dir dann eine entsprechende Situation möglichst konkret vor. Fühle dich ein und werde dir deiner Gefühle bewusst.
- Wiederhole diese Meditation so lange, bis du spürst, dass du eine echte, tiefe Friedfertigkeit und Freundlichkeit in dir zu empfinden beginnst, die darauf beruht, dass du merkst, wie gut es dir und anderen auf dieser »Insel der Friedfertigkeit« geht, die du mit deiner Meditation erschaffen kannst.

Asteya – Nicht-Begehren

Asteya bedeutet wörtlich: Nicht-Stehlen. Nun sind ja die wenigsten von uns als Diebe oder Langfinger unterwegs. Was ist damit also eigentlich gemeint? In seiner Übertragung des Yoga-Sutras bietet uns Desikachar einen guten Zugang zum Verständnis von Asteya, wenn er es übersetzt als »Nicht-Begehren oder die Fähigkeit, uns von dem Wunsch nach Dingen, die uns nicht gehören, zu lösen.«[76]

Der Fokus bei dieser Interpretation liegt auf dem Nicht-Begehren bzw. dem Sich-Lösen von all den Wünschen nach dem, was jemand anderer hat. Damit zeigt dieses Yama eine innere Beziehung zu der tiefsitzenden, störenden Neigung (Klesha) des Haben-Wollens/der Gier (Raga). Eine solche Deutung lenkt unsere Wahrnehmung auf viele unserer Verhaltensweisen.

Betrachten wir einmal unsere Wünsche. Sie richten sich sowohl auf den materiellen wie auch den immateriellen Bereich. Im materiellen Bereich begehren wir Besitz und Vermögen. Sehr viel stärker als dieses Begehren ist jedoch bei den meisten von uns das unstillbare Verlangen nach immateriellen Werten wie Ansehen (Status), Erfolg und Anerkennung. Dass jemand mehr besitzt als wir, beunruhigt uns in aller Regel nicht zu sehr. Ganz anders sieht es aus, wenn jemand mehr Lob, mehr Anerkennung, mehr Liebe bekommt als wir selbst! Hier hört für viele von uns das Nicht-Begehren auf. Stattdessen nagen Begierden, Sehnsüchte und Eifersucht an uns und rauben uns die Ruhe.

Zu diesem Gemütszustand zeigt uns Patañjali in seinem Yoga-Sutra eine Alternative auf, wenn er Asteya erläutert: Es gehe weniger um das Verbot »Du sollst nicht stehlen« bzw. »Du sollst nicht begehren, was jemand anderem gehört«. Vielmehr gehe es um eine Vision, und zwar eine, die wieder einmal sehr viel mit Fülle zu tun hat. Desikachar übersetzt das so für uns: »Wenn ein Mensch nichts begehrt, was anderen gehört, so werden andere Menschen alles mit ihm teilen wollen, wie kostbar es auch immer sein mag.«[77]

---

76 Desikachar, a. a. O., S. 79.
77 Desikachar, a. a. O., S. 85.

Dazu erläutert Sriram: »Wer die Rechte anderer Menschen nie verletzt, wird reich entlohnt.«[78] Damit ist gemeint, dass wir im Haben-Wollen oft gar nicht sehen, was wir bereits haben, und dass wir es nicht erkennen können, wenn wir uns ständig mit anderen vergleichen, die wir als begünstigter, wohlhabender, gesünder, klüger, glücklicher als uns selbst empfinden. Wenn wir nichts wollen, was wir nicht haben, dann ist das daraus resultierende gute Gefühl die Entlohnung. Und das gute Gefühl ist es auch, das die anderen Menschen dann mit uns teilen wollen.

Am sinnvollsten erscheint mir jedoch die Interpretation dieses Sutras von Gerard Blitz: »Wenn der Wunsch zu besitzen verschwindet, erscheint das Juwel.«[79] Das Juwel ist der Mensch, der ich bin. Das Juwel sind all meine Fähigkeiten und Talente. Das Juwel ist mein Leben als ein Ort, an dem ich lernen, wachsen und mich entfalten kann.

Diese Interpretation deckt sich vielleicht auch am besten mit unserer Lebenserfahrung, denn wir haben sicher alle schon einmal gemerkt, wie unser Begehren und Haben-Wollen uns verblendete und wie das Abklingen einer solchen Gier bewirkt, dass wir etwas Essenzielles bekommen: eine Einsicht, eine Erkenntnis, einen Zustand von Zufriedenheit. Was wir jedoch auf jeden Fall bekommen, ist das »Juwel« eines ruhigen, stabilen Geisteszustandes.

Meditation über Astheya

- Komm in einen aufrechten und bequemen Sitz deiner Wahl.
- Schließe die Augen und ziehe dich in deinen inneren Raum zurück.
- Werde dir bewusst, als wie zufrieden mit dir und all dem, was zu deiner Verfügung steht, du dich erfährst.
- Werde dir einer Situation bewusst, in der du unbedingt etwas haben wolltest, das jemand anderem gehörte. Fühle dich ein in diese Situation und beobachte deine Gefühle.
- Erinnere dich daran, wie – aus welchen Gründen auch immer – dieses Begehren in dir abklang. Beobachte deine Gefühle.

---

78 Sriram, a. a. O., S. 131.
79 So von ihm gehört auf seinen Seminaren in den 1980er-Jahren in Zinal (Schweiz).

- Werde dir bewusst, was du bekommen hast, nachdem du dieses Begehren ganz fallen gelassen hast.
- Meditiere über die mit diesem Erlebnis einhergehenden Gefühle und Gedanken.
- Wiederhole diese Meditation so lange, bis du spürst, dass du dich leichter von dem Drang, zu besitzen, lösen kannst.

Aparigraha – Anspruchslosigkeit

Aparigraha heißt wörtlich Nicht-Horten und im übertragenen Sinn Anspruchslosigkeit. Es ist »die Fähigkeit, uns auf das zu beschränken, was wir brauchen, und nur das anzunehmen, was uns zusteht«.[80] Diese Interpretation Desikachars führt unseren Geist in die richtige Richtung, nämlich hin zu der Frage, ob wir materiellen und immateriellen Besitz jeder Art anhäufen, und zu der Frage, was uns eigentlich zusteht. Dahinter steht noch eine weitere wichtige Frage: »Was brauche ich wirklich?« Wenn wir beginnen, mit dieser Fragestellung durchs Leben zu gehen, werden wir schnell merken, wie wenig wir tatsächlich brauchen – und wie unendlich viel wir uns aus irgendwelchen Gründen dann doch angeschafft haben und noch anschaffen.

Wenn wir anfangen, über dieses Thema zu meditieren, wird uns noch sehr viel mehr klar werden. Erstens, dass aller irdische Besitz materieller und immaterieller Art vergänglich ist; schließlich können wir ja nichts davon mit ins Grab nehmen, was bedeutet, dass wir jeden Besitz eines Tages wieder loslassen müssen.

Zweitens können wir uns klarmachen, was es für die Welt bedeutet, wenn so viele Menschen so viel überflüssigen Besitz anhäufen. Was bedeutet es für die Ressourcen der Erde? Was bedeutet es für unsere innere Einstellung des Nutzens und Benutzens?

Und drittens könnte uns klar werden, dass fast jeder Besitz uns schlussendlich auch belastet. Das weiß jeder, der ein Haus besitzt. Und das weiß erst recht jemand, der dazu noch ein Zweithaus (zum Beispiel ein Ferienhaus) besitzt.

---

80 So in der Übertragung von Desikachar im Sutra 2.30, a. a. O., S. 79.

Wenn wir unser Verhalten so weit reflektiert haben, dann können wir zu der Einsicht gelangen, dass wir etwas besitzen wollen – zum Beispiel ein Haus –, weil uns dieser Besitz ein Gefühl von Sicherheit vermittelt. Dabei zeigt uns unsere Lebenserfahrung doch immer wieder, dass Besitz uns eigentlich eher verletzlich macht und wir ständig in der Unsicherheit schweben, ob wir behalten können, was wir uns erarbeitet oder erworben haben – oder ob das Leben ganz andere Pläne mit uns hat.

Hier passt Desikachars Übertragung des Sutras 2.39 sehr gut: »Jemand, der sich auf das beschränken kann, was er braucht und was ihm zusteht, fühlt sich sicher. Ein solcher Mensch findet Zeit zum Nachdenken, und er wird ein vollkommenes Verständnis von sich selbst gewinnen.«[81] Das, was da verstanden werden kann, ist, dass es nicht der Besitz sein sollte, der uns zu dem macht, was wir sind. Mit anderen Worten: Wer sich über seinen Besitz definiert, baut auf unsicherem Grund. Wenn wir uns stattdessen in der Zeit, die wir brauchen würden, um Besitz anzuhäufen oder uns um ihn zu kümmern, um uns selbst kümmern, dann können wir klären, was uns wirklich wichtig ist und wofür wir unsere Zeit im Leben verwenden wollen.

Das hat schon mancher von uns erfahren, wenn das Leben ihm alles genommen hat und ihn dadurch gewissermaßen »zurück auf Los« geschickt hat. Plötzlich waren ganz viele Verpflichtungen – gegenüber dem Eigentum – weg und es war ein Raum da, noch einmal einen ganz neuen Lebensentwurf zu wagen. Plötzlich war da vielleicht sogar die Empfindung einer großen Er-Leichterung und Befreiung, verbunden mit der Erkenntnis, wie sehr wir uns vorher mit unserem Eigentum belastet hatten. Die folgende Meditation wird diese Fragestellung aufnehmen.

Meditation über Apahigraha

- Komm in einen aufrechten und bequemen Sitz deiner Wahl.
- Schließe die Augen und ziehe dich in deinen inneren Raum zurück.
- Werde dir bewusst, wie dein Verhältnis ist zu dem – materiell oder immateriell –, was du besitzt.

---

81   Desikachar, a. a. O., S. 85

- Verleiht dir dieser Besitz ein Gefühl von Sicherheit?
- Braucht es viel Aufwand, sich um diesen Besitz zu kümmern?
- Bleibt dir noch genügend Zeit, dich den Dingen zu widmen, die dir wichtig sind?
- Kennst du Situationen, in denen dich dein Besitz belastet?
- Gibt es Situationen, in denen du ihn sogar gerne loswerden würdest?
- Stell dir vor, was geschähe, wenn das Leben beschlösse, dass du deinen Besitz nicht halten kannst. Wie würdest du damit umgehen?
- Betrachte die Gefühle, die in dir aufsteigen.
- Werde dir all der Freiräume bewusst, die sich auftun, wenn dein Besitz dich nicht mehr belastet.
- Werde dir bewusst, was dir wirklich unverzichtbar ist. Was brauchst du wirklich zum Leben?
- Woran machst du deine Lebensqualität fest? An äußeren Bedingungen oder Dingen? Oder an einem überlegten und bewussten Umgang mit deinen inneren Einstellungen und Bedürfnissen?
- Gehe diesen Fragen in dir eine Weile nach. Verbinde dich immer wieder mit deinen Gefühlen, und werde dir bewusst, zu welchen inneren Vorstellungen und Bildern sich in dir das gute Gefühl einstellt.
- Wiederhole diese Meditation so lange, bis du spürst, dass du deinen Besitz wenigstens in der Vorstellung loslassen kannst.
- Am besten aber wiederhole diese Reflexion immer wieder – dein ganzes Leben lang –, sodass du eines Tages in der Lage bist, nicht nur all deinen Besitz, sondern auch dein Leben loszulassen.

Brahmacharya –
Im Bewusstsein der Allseele handeln

Brahmacharya bedeutet, »im Bewusstsein des Brahma (der Allseele) handeln«.[82] Brahma ist das höchste Prinzip. Wer »in Brahma wandelt«, der sucht für all sein Handeln die Übereinstimmung mit der höheren Ordnung. Früher wurde so etwas ein »gottgefälliger Lebenswandel« genannt. Auch wenn dieser Begriff heute vielleicht nicht bei allen von uns

---

82 So die Übersetzung bei Sriram, a. a. O., S. 132.

sofort angenehme Assoziationen weckt, liegt ihm doch eine sehr schöne Überlegung zugrunde. Es ist die Überlegung, welche Art von Lebenswandel Gott gefallen könnte, wenn er (oder sie?) von oben auf uns herunterschaut. Ich frage mich oft: »Welches Verhalten würde ich gerne von meinen Menschen sehen, wenn ich Gott wäre?« Oder andersherum: »Mit welcher Handlungsweise könnte ich Gott wohl eine Freude machen?« Mit einer solchen Fragestellung schwindet die Verpflichtung, mich an Gebote zu halten und Sünden zu vermeiden, schnell dahin. Und ich antworte auf diese Frage als das, was ich bin: als ein Teil dieser Schöpfung. Wenn wir beginnen, über diese Fragen zu meditieren, ergibt sich daraus (fast) von allein eine Ausrichtung auf eine ethische und verantwortliche Lebensführung.

Für mich beinhaltet Brahmacharya das bewusste Umgehen mit allen anderen Yamas und Niyamas. Dieses Yama hat eine besonders enge Beziehung zu Ishvara Pranidhana (Seite 147), der Hingabe allen Handelns an eine höhere Kraft. Brahmacharya umzusetzen bedeutet für mich den Versuch, wann immer möglich bewusst, verantwortungsvoll, achtsam und liebevoll mit meinem Leben, mit anderem Leben und mit meiner Umwelt umzugehen. Sriram übersetzt: »Derjenige, der im Bewusstsein des Brahma (der Allseele) handelt, gewinnt große Energie.«[83] Wenn wir – nach unserem Empfinden – auf diese Weise handeln, fühlen wir uns in Übereinstimmung und im Einklang mit dem großen Ganzen.

Wir tun, was wir können, wir geben sicher ganz oft aus vollem Herzen unser Bestes – nicht weil wir müssen, sondern weil es uns Freude macht. Wir akzeptieren, dass es eine Perspektive gibt, in die wir keinen Einblick gewinnen können, sodass sich vielleicht (dennoch) alles ganz anders entwickelt, als wir dachten oder erhofften.

Und es ist diese Geisteshaltung, die uns Energie und Ausgerichtetheit (Virya) und eine hohe Frustrationstoleranz schenkt. Es ist also schlussendlich wieder die innere Haltung des Citta Prasadana – eines friedvollen, wachen, stabilen Geistes –, die sich durch den Umgang mit den Yamas und Niyamas einstellt und die uns in Ruhe und Frieden durch unser Leben wandern lässt.

---

83 Sriram, a. a. O., S. 132.

Hier schließt sich der Kreis unserer besinnlichen und meditativen Wanderung durch die Yamas und Niyamas. Und deshalb ist die Übung auch ganz einfach.

Meditation über Brahmacharya

- Frage dich immer wieder und überall: Wie handle ich in Überstein-stimmung mit dem großen Ganzen/dem göttlichen Plan/einer höheren Macht/mit Gott?
- Welche Konsequenzen hat mein Handeln?
- Was ist wesentlich? Was ist nachhaltig?
- Welches Denken und Handeln tut mir und der Welt gut?
- Bleibe diesen Fragen und diesen Meditationen dein Leben lang verbunden.

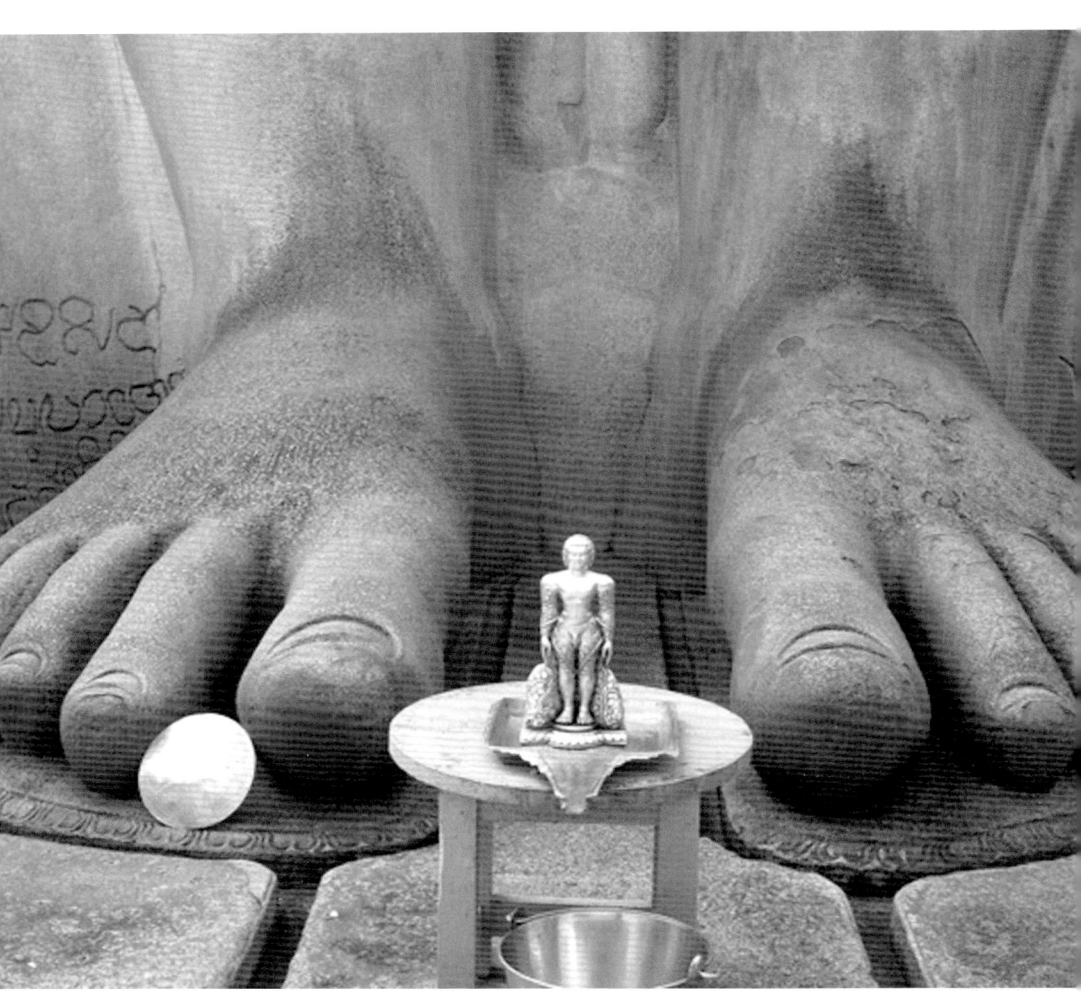

Ausblick

Macht eine Meditationspraxis bessere Menschen aus uns?

»Meditation zielt darauf ab, den Kontakt zur lebendigen Gegenwart herzustellen und die Fähigkeit zum Denken, Erinnern und Planen bewusst nur dann einzusetzen, wenn sie tatsächlich benötigt werden. Auf diese Weise werden Sie in die Lage versetzt, selbst zu bestimmen, was Sie in jedem Moment tun oder auch lassen mögen.«[84]

Ulrich Ott

Wenn du meditieren lernst, wirst du in der Abwesenheit äußerer Reize zuallererst mit vielem von dem konfrontiert, was sich über all die Jahre so in dir angesammelt hat. Durch das Nach-innen-Gehen, die Einkehr, das Zu-sich-Kommen wirst du beginnen, dir überhaupt erst mal nahe zu kommen und dich kennenzulernen!

Die Neuro- und Bewusstseinswissenschaften behaupten, dass uns etwa 80 Prozent unserer geistigen Welt unbewusst sind, gut 10 Prozent halb bewusst und nur etwa 5 Prozent bewusst. Das bedeutet, dass du mit jemandem – und zwar mit dir selbst – ständig aufs Engste zusammenlebst, ohne dass du genau weißt, mit wem du es – mit dir – zu tun hast! Das erklärt natürlich, warum wir es schaffen, uns bis ins hohe Alter noch

---

84   Ulrich Ott: Meditation für Skeptiker. O. W. Barth Verlag 2010, S. 23.

immer selbst zu überraschen; wir sind überrascht davon, was wir denken und sagen, wie wir handeln und wie wir reagieren auf uns selbst und das, was auf uns einwirkt. Diese Unkenntnis rührt daher, dass wir uns den Blick darauf verstellt haben, was noch so alles in uns lebt, weil wir uns über viele Jahre hinweg ein stabiles Ego und eine ausgeprägte Persönlichkeit erschaffen haben, die einfach immer im Vordergrund unserer Eigenwahrnehmung steht.

Das Selbst jenseits der Fassade entdecken

Wenn du also zu meditieren beginnst, wird dir nach und nach in deiner Innenschau ein Mensch begegnen, der bis jetzt verborgen war unter der Oberfläche des Egos und hinter all den Rollen, die du gewohnt – und auch gezwungen – bist, im Leben zu spielen.

Die Strukturen unseres Egos, unserer Persönlichkeit und unseres Charakters sind nichts anderes als unsere »auskristallisierten« inneren Haltungen und Einstellungen.

Sie überdecken manche Facetten der Persönlichkeit, die allmählich ins Unbewusste abgesunken sind. Es sind die Persönlichkeitsanteile deines inneren Kindes in verschiedenen Altersstufen, es sind dein romantisches Wesen, deine Träume und Sehnsüchte, aber auch deine Aggressionen, deine Wut, dein Neid, deine Gier und dein Hass. Unter deiner Oberfläche, die du durch die langen Phasen deiner Erziehung und Sozialisation erworben hast, wohnt ein Mensch mit guten und schlechten Seiten, der unverbogen, authentisch, ehrlich, natürlich und oft wild und unangepasst ist. Diesen Menschen kannst du in der Meditation kennenlernen und in all seiner Komplexität wieder zum Leben erwecken.

Zum wohlwollenden Beobachter werden

Wenn du dich einer regelmäßigen Meditationspraxis widmest, wirst du dir angewöhnen, immer wieder einen Schritt hinter dich zurückzutreten und zu deinem Handeln, Denken, Fühlen etwas Abstand zu gewinnen. »Durch eine Hemmung automatischer Reaktionen eröffnet sich die Möglichkeit, das eigene Erleben zu reflektieren und Verhaltensalternativen zu prüfen, was für einen flexiblen und angemessenen Umgang mit der jeweiligen Situation eine wichtige Voraussetzung darstellt«[85], fasst der Neurowissenschaftler und Psychologe Ulrich Ott zusammen. Dadurch wirst du allmählich mehr und mehr zum Beobachter werden, und zwar in dem Sinne, dass du dich selbst in Achtsamkeit (besser: Mindfulness) durch dein Leben begleitest.

Diese Achtsamkeit sollte idealerweise auf Wohlwollen gegründet sein. Das heißt, du begleitest dich durch dein Leben und beobachtest wohlwollend, gütig, verständnisvoll und geduldig, wie du denkst und fühlst und was für Handlungen daraus erwachsen. Dieser empathische Umgang mit dir selbst kann dir helfen, dich mit deinen inneren Antreibern, dem Perfektionisten und Kritiker in dir, zu beschäftigen.

Wo möchten Sie in fünf Jahren sein?

Du wirst erkennen, dass all diese inneren Stimmen im Grunde nur dein Bestes wollen: Sie treiben dich an, damit du Anerkennung und Wertschätzung erfährst, sie kultivieren den Perfektionismus, damit du der/die Beste wirst, und sie kritisieren dich gegebenenfalls hart und schonungslos, um der Kritik von anderen damit schon im Vorfeld den Wind aus den Segeln zu nehmen.

Auch wenn diese Persönlichkeitsanteile es gut mit uns meinen, sind sie jedoch oft so kontrollierend und bestimmend, dass sie uns nach und nach den Atem nehmen. Dann funktionieren wir, um diesen inneren Kräften zu gehorchen. Wenn wir das in der Stille der Meditation und der Selbstreflexion erkennen, können wir entscheiden, wie viel Macht wir ihnen weiter geben wollen.

Dafür ist es sehr hilfreich, wenn du dir einfach mal in Ruhe ausmalst, wie es dir wohl in fünf oder zehn Jahren gehen wird, wenn du auf diese Weise weitermachst. Wenn du dich dann siehst und fühlst und dir klar wird, wie dein Leben aussieht – dieses einmalige Geschenk des Lebens, das zudem noch so vergänglich ist –, wirst vielleicht endlich Mitgefühl für dich empfinden. Du wirst erkennen, wie du dich abstrampelst, wie du kämpfst und materiellen und immateriellen Gütern hinterherrennst, von denen du hoffst, dass sie dich glücklich machen werden.

---

85   Ulrich Ott, a. a. O., S. 72.

Unter deinem mitfühlenden und wohlwollenden Blick wirst du dir helfen wollen, diese Irrwege zu verlassen und zu einem Leben zurückzufinden, in dem du den Bereichen, die dir wirklich wichtig sind, mehr Raum einräumen kannst.

Es wird also *nicht* deine Vernunft sein, die dich auf neue Wege führt, sondern dein Wohlwollen und deine Empathie für dich selbst.

Verbundenheit mit anderen Menschen

»Was wir in der Meditation noch lernen, ist, uns vom Verstandesmäßigen und Verkopften zu lösen und uns mehr in Richtung Offenheit, Emotionen und Toleranz zu orientieren«, ermutigt uns der Psychologe und Meditationsforscher Ulrich Ott.[86] Und er erklärt: »Das alles üben wir beim Meditieren zunächst einmal bei uns selbst – und merken mit der Zeit, wie sich unsere Offenheit ganz automatisch auf das Verhältnis zu anderen Menschen auswirkt. Denn wenn wir mit uns selbst im Reinen sind, verändert sich auch unser Verhältnis gegenüber anderen.«

Was dein Verhältnis zu anderen Menschen und der Umwelt aber sicher auch sehr verändern wird, sind die Erfahrungen von Verbundenheit und Einheit, die du immer wieder in der Meditation erleben wirst. Wenn du in einer Gruppe meditierst, wirst du bald Vertrauen und Nähe zu den Menschen empfinden, mit denen du die Stille teilst. Du wirst merken, dass du nach der gemeinsamen Meditationspraxis viel weniger dazu neigst, sie zu bewerten und zu beurteilen (oder gar zu verurteilen) als vorher. Du wirst immer wieder erleben, dass das Zu-dir-Kommen und Mit-dir-Sein dir hilft, weniger Misstrauen oder Angst vor anderen Menschen zu haben, denn die Meditation wird deine Selbstachtung und deinen Selbstrespekt stärken.

Du wirst spüren, dass in dir wie in jedem anderen Wesen der tiefe Wunsch lebt, frei von Leid und glücklich zu sein. Du wirst erkennen lernen, was du selbst alles machst, um geliebt und anerkannt zu werden und Leid zu vermeiden, und du wirst merken, dass du dabei oft genau die Verhaltensweisen an den Tag legst, die dich an anderen Menschen

---

86   In einem Interview in »Psychologie heute«, Dezember 2010, S. 28.

stören. Du wirst merken, dass du mit unendlich vielen Menschen im gleichen Boot sitzt, die alle dasselbe ersehnen, und dass es deshalb sinnvoll ist – und guttut –, sich dieser Gemeinsamkeit und Verbundenheit bewusst zu werden und sie aktiv zu pflegen.

Und du wirst damit zu einem Verhalten finden, das nachweislich Stress reduziert und deine (mentale) Gesundheit stärkt, denn »eine innere Haltung der Wertschätzung und Güte anderen gegenüber fördert die soziale Verbundenheit und reduziert das Gefühl der Isolation«.[87]

Wenn du meditierst, wirst du also nicht automatisch zu einem besseren Menschen werden. Aber du kannst zu einem Menschen werden, der empathischer und freundlicher auf sich selbst schaut – und damit auf die Mitmenschen und die Umwelt. Ganz sicher wirst du aber ein Mensch werden, der weniger anfällig für Stress ist, der auch in schwierigen Situationen weiß, wie man einen klaren Kopf behält, und der sich nicht scheut, seine Gefühle zu leben und zu zeigen. Du wirst sicher nicht mehr so viel jammern und dich so oft beklagen oder dir eine andere – bessere – Welt wünschen. Stattdessen wirst du mit beiden Beinen fest in deinem Leben stehen und – statt zu klagen – oft einfach gelassen und gleichmütig das tun, was getan werden muss.

Und von solchen Menschen kann unsere Welt ganz gewiss ein paar mehr gebrauchen!

---

87 Ulrich Ott: Meditation für Skeptiker, S. 74.

Dank

Ich danke meinem Freund Werner Vogel dafür, dass er mir mit seinem Enthusiasmus, seinem Vertrauen und seiner Liebe geholfen hat, das Projekt dieses Buches Wirklichkeit werden zu lassen. Er war und ist einer meiner hochgeschätzten Wegbegleiter und Lehrer, ohne die ich nie dahin gekommen wäre, wo (auch immer) ich jetzt bin.

Ich danke meiner wundervollen Lektorin Felicitas Holdau für ihre Unterstützung und ihr Engagement. Sie sieht all das, was ich – so eins mit meinem Text – nicht mehr erkennen kann, und ist immer die Erste, die meine Übungen ausprobiert und mir Feedback gibt. Das ist unermesslich wertvoll für mich als Autorin.

Ich danke allen meinen Lehrern, mit deren Unterstützung ich über viele Jahre hinweg meditieren lernen durfte: Ursula Lyon, Roger Clerc und Boris Tatzky, Michael Kissener, Eberhard Bärr, Sriram, T. K. V. Desikachar, Sraddhalu Ranade, Jon Kabbat-Zinn, Mark Whitwell – und viele mehr.

Ich danke Bettina Steinmetz für ihre Unterstützung bei der Gestaltung der Fotos für die Kapitelöffner. Danke besonders auch an sie und ihre Tochter Bettina für die Überlassung von vier Foto (auf den Seiten 28, 44, 64 und 120). Ich danke ebenfalls dem unbekannten Fotografen des Bildes auf Seite 128, das ich von einem Poster im Visitor's Center in Auroville/Indien abfotografiert habe.

Ich danke meinem Mann, der mir auch bei diesem Buchprojekt den Rücken freigehalten hat, damit ich schreiben konnte.

Und vor allem danke ich von Herzen meinen TeilnehmerInnen und SchülerInnen, ohne die ich das Wissen in mir nicht so lebendig halten könnte. Im Miteinander des Unterrichts erfahre ich immer wieder die entscheidenden Inspirationen, die mich auf meinem Weg voranbringen.

Und ich danke dafür, dass ich den Weg des Yoga gehen darf! Es ist ein wunder-voller Weg! Namasté!

Übungsregister

Glossar

Abhinivesha: tiefsitzende Unsicherheit, Angst; eines der fünf → Kleshas

Abhyasa: stetes Bemühen, Üben, Beharrlichkeit

Achtsamkeits-Meditation: Wahrnehmen, Anerkennen und Akzeptieren dessen, was jetzt ist; Synonym für → Vipassana

Advaita Vedanta: Lehre der Nicht-Zweiheit; eine der sechs großen Strömungen der indischen Philosophie und eine der Grundlagen für den Tantrismus

Ahimsa: die Rücksichtnahme, das behutsame Vorgehen, der Verzicht auf jegliche – auch noch so subtile – Form von Gewalt, durch die wir uns selbst und andere mit Taten, Worten und Gedanken schädigen könnten

Aklishta: Erleichterung verschaffend, günstig, hilfreich

Amrita: der Nektar der Unsterblichkeit (auch Soma genannt)

Anahata-Chakra: Herz-Chakra

Ananta: unendlich, ewig; bei Patañjali auch der ewig ungestört fließende Atem

Antaraya: die neun Hindernisse auf dem Yogaweg, die im → Yoga-Sutra aufgezählt werden

Antarlaksya: Konzentration auf einen inneren Ort

Apana: Aspekt der Lebensenergie Prana, dessen Funktion die Ausscheidung ist (Schweiß, Urin, Kot, Worte; Gebären usw.)

Aparigraha: Nicht-Horten, im übertragenen Sinn Anspruchslosigkeit

Ardha Padmasana: halber Lotossitz, Meditationshaltung

Arjuna: Prinz der Pandavas in der → Bhagavadgita, Sinnbild des spirituellen Kriegers

Asana: Körperhaltung im → Hatha-Yoga

Ashtanga-Yoga: achtgliedriger/achtfacher Yogaweg, Synonym für den Yoga des → Patañjali

Asmita: Ich-Bezogenheit, Egoismus; eines der fünf → Kleshas

Asteya: Nicht-Stehlen, Nicht-Begehren oder die Fähigkeit, uns von dem Wunsch nach Dingen, die uns nicht gehören, zu lösen (lt. Desikachar)

Atman: die individuelle ewige Seele, in der sich die Weltenseele → Brahman widerspiegelt

Avidya: Verwechslung, Irrtum, Verwechslung des Vergänglichen mit dem Ewigen; eines der fünf → Kleshas

Bhagavadgita: erhabener Gesang, eines der großen Epen, wichtigste Schrift des Hinduismus. In diesem Epos lehrt → Krishna → Arjuna die verschiedenen Yogawege → Jñana-Yoga, → Karma-Yoga und → Bhakti-Yoga

Bhakti-Yoga: Yoga der liebevollen Hingabe, bei dem alles Denken und Handeln Gott gewidmet wird

Bhavana: Einheit stiftendes, heilsames inneres Bild; inneres Meditationsbild (zum Beispiel des Lichts im Herzen oder der heilen Mitte)

Bija: Samen, Keim

Bindu: Punkt, Sammlungspunkt, oft in der Mitte der Stirn als Meditationspunkt

Brahmacharya: im Bewusstsein des Brahma, der Allseele handeln (lt. Sriram), Handeln in Übereinstimmung mit der höheren Ordnung

Brahman: die Allseele, das höchste Selbst

Brahmaviryas: die vier heilsamen Qualitäten Güte (→ Maitri), Mitgefühl (→ Karuna), Mitfreude (→ Mudita) und Geduld, Nachsicht (→ Upeksha)

Chakra: »Schwungrad«, Kreuzungspunkte der Lebensenergie → Prana, Bewusstseinsebenen

Citta: der Geist, besser das Mentale, das alle Geistesfunktionen und Gefühle einschließt

Citta prasadana: der friedvolle und ruhige Geisteszustand, der Geist als angenehmer Ort, der Geist als Freund

Darshan: Sichtweise (auf die Wirklichkeiten); auch Name für die sechs Hauptströmungen der indischen Philosophie

Dharana: Konzentration, konstante Ausrichtung der Wahrnehmung

Dhyana: Meditation, Meditationsübung

Dirgha: lang, ausgedehnt

Dirghasukshma: lang, subtil und strömend, die Qualität des Atems im Pranayama

Drashtra/Drashtri: das Sehende/der Seher; im → Samkhya und im → Ashtanga-Yoga; die Instanz in uns, die frei von Prägungen und Neigungen in aller Klarheit das erkennen kann, was ist

Drishti: Konzentrationspunkt

Duhkha: Leid, wörtlich ein enger, dunkler (duh) Raum (kha)

Dvesha: Abneigung, Ablehnung, Nicht-haben-Wollen; eines der fünf → Kleshas

Ekagrata: »Einpunktigkeit«, höchste Form der Konzentration

Gayatri-Mantra: Anrufung des äußeren und inneren Lichts; eines der berühmtesten → Mantras des Hinduismus

Gheranda Samhita: Quellentext des Hatha-Yoga, ca. im 16. Jh. n. Chr. verfasst

Guna: Faden, Strang; die Grundeigenschaften, aus denen alles, was je erschaffen wurde, besteht

Guru: spiritueller Wegbegleiter, wörtlich: der Licht ins Dunkle bringt

Hasta-Mudra: Finger-Mudras, Handgesten in der Meditation und im klassischen indischen Tanz

Hatha-Yoga: Yoga der gewaltsamen Anstrengung; auf dem → Tantrismus und → Shivaismus gründender Yogaweg, der den Körper in die Übungspraxis intensiv miteinbezieht; er entstand ab dem 6. Jh. in Kashmir und Südindien

Hatha-Yoga-Pradipika: Kleine Leuchte des Hatha-Yoga; wichtigster Quellentext des Hatha-Yoga aus dem 16. Jh. n. Chr., als dessen Autor → Svatmarama angesehen wird

Hrid: das Herz; Meditationsort und der Ort, an dem sich alle Gegensätze auflösen

Ida: das linke Energiegefäß, das beruhigt und kühlt, wenn der → Prana hindurchfließt

Integraler Yoga: ganzheitlicher Yogaweg in der Tradition von Sri Aurobindo

Ishvara: das persönliche Gottesbild (im Hinduismus)

Ishvara Pranidhana: Hingabe bzw. Ehrfurcht gegenüber einer höheren Kraft

Japa: Murmeln, ständige hörbare oder leise Wiederholung eines → Mantras

Jivatman: unser innerster Wesenskern, das Selbst, Synonym zu → Atman

Jñana-Yoga: der Yogaweg der Erkenntnis

Jyotir: Licht

Jyotismati: unser inneres Licht

Kaivalya: das Lösen von innerer Anhaftung, Freiheit; Ziel des → Ashtanga-Yoga

Karma-Yoga: der Yogaweg des hingebungsvollen Tuns, Dienen

Karuna: Mitgefühl, Empathie, Einfühlungsvermögen

Khecari Mudra: die Mudra des Yogis/der Yogini, »der/die im Himmel wandert«; wird als die wichtigste Mudra im Tantrismus und im Hatha-Yoga angesehen

Klesha: tiefsitzende störende Neigungen, aus denen uns immer wieder Leid erwächst; es sind Irrtum/Verwechslung (→ Avidya), Ich-Bezogenheit

(→ Asmita), Gier (→ Raga), Abneigung (→ Dvesha) und Unsicherheit/Angst (vor dem Tod) (→ Abhinivesha)

Klishta: Beschwernis erzeugend, ungünstig

Krishna: Inkarnation des hinduistischen Hochgottes → Vishnu, in der → Bhagavadgita der Lehrer des Prinzen → Arjuna

Kundalini: die Zusammengerollte, die → Shakti in ihrer ruhenden, inaktiven Form; das in jedem Menschen ruhende Potenzial

Laya: der meditative Zustand des Absorbiertwerdens und Verschmelzens

Madhya: die Mitte, der Raum zwischen zwei Worten/zwei Gedanken

Maitri: Güte, eine liebevolle und freundliche Einstellung zu allen Wesen

Manas: der von den individuellen Erfahrungen geprägte Verstand

Mantra: Werkzeug für den Geist; heilige Silbe, deren Schwingung den Geist beruhigt

Mudita: Heiterkeit, sich an sich selbst und anderen erfreuen, Mitfreude

Mudra: Siegel; Ausdruck der inneren Haltung (der Sammlung), wichtigste Technik des → Hatha-Yoga

Muktasana: ein Meditationssitz mit gekreuzten Beinen

Muladhara-Chakra: Wurzel-Chakra, mit Sitz an der Basis des Körpers

Nada: der Klang

Nada anusandhana: Meditation auf den inneren Klang

Nadi: Gefäß, Kanal im Energiekörper, durch den die Lebensenergie → Prana fließt

Nadi Sandhya: Vermählung der Nadis, d. h., der Atem fließt über beide Nasengänge gleich stark, subtile Form der Wechselatmung → Nadi Shodhana

Nadi Shodhana: Reinigung der → Nadis, die Wechselatmung, ein → Pranayama

Namaste/Namaskar: indische Grußgeste, mit der man innerlich sagt: »Ich grüße das (göttliche) Licht in dir!«

Nasagra Drishti: Konzentrationspunkt an der Nase

Nathamuni: ein Yogameister, der im 8. Jh. n. Chr. gelebt haben soll, Verfasser der → Yoga-Rahasya

Nidra: Schlaf, Zustand der Abwesenheit von Klarheit und Wachheit; eines der fünf → Vrittis

Niyamas: fünf Gebote im Umgang mit sich selbst

OM: der uranfängliche Ton

Padmasana: Lotossitz, ein Meditationssitz mit ineinander verschränkten Beinen

Pandit: Lehrer, Gelehrter

Parinama: der stete Wechsel, die Vergänglichkeit

Patañjali: ein Yogameister, der zwischen dem 2. Jh. v. Chr. und dem 2. Jh. n. Chr. gelebt haben soll, Verfasser des → Yoga-Sutra, in dem der → Ashtanga-Yoga dargelegt wird

Pingala: das rechte Energiegefäß, das anregt und erwärmt, wenn der → Prana hindurchfließt

Pralaya: Auflösen der Körpererfahrung in tiefer Entspannung

Pramana: richtige Wahrnehmung; das erste der fünf → Vrittis

Prana: die Lebensenergie, die Bewusstseinsenergie, die alles durchdringt; wird unter anderem vom Atem bewegt

Prana Apana Smriti: Atemachtsamkeit

Pranava: der uranfängliche Ton, Synonym für → OM

Prana Shakti: Synonym für → Shakti

Pranayama: das freie Fließen des → Prana, aber auch das Lenken und Ausrichten des Prana; Atemübungen, Atemachtsamkeit

Pratyahara: das Zurückziehen der Sinne

Raga: Begierde, Haben-Wollen; eines der fünf → Kleshas

Raja-Yoga: der königliche Yogaweg, synonym für → Samadhi im → Hatha-Yoga, seit dem 20. Jh. auch Synonym für den → Ashtanga-Yoga Patañjalis

Rajas: das Bewegte, Aktive; Grundeigenschaft der Energie; eines der drei → Gunas

Rishi: Seher, die ersten Yogis in der Zeit der → Veden

Sadhana: Übungsweg, »das, was getan werden kann«

Sahaja: unser »eigentlicher«, natürlicher, d. h. unverbildeter und authentischer Zustand

Samadhana: (süße) Geduld mit sich selbst

Samadhi: Zustand des Einsseins, in dem alle Aktivitäten des Geistes in das ursprünglich reine und undifferenzierte Bewusstsein absorbiert werden

Samana: gleichförmig, vollkommen, harmonisch; eine Qualität des Atems im → Pranayama

Samana Vayu: Aspekt der Lebensenergie → Prana, der im Yoga auch »Verdauungsfeuer« genannt wird

Samkhya: Aufzählung, aufzählendes Wissen; eine der sechs großen Strömungen der indischen Philosophie, Grundlage des Yogasystems Patañjalis

Sampradaya: Traditionslinie des (Hatha-)Yoga

Samskara: die Prägungen durch alle Erfahrungen, die in diesem Leben gemacht werden

Samyama: Sammlung, Versenkung, ein meditativer Zustand

Sankalpa: der Vorsatz, der unseren Geist in eine förderliche Richtung lenkt

Sankalpa Shakti: die Entschlusskraft, mit der Vorsätze umgesetzt werden

Santosha: Zufriedenheit, ein Zustand innerer Ruhe

Sattipattana: rechtes Gewahrsein, achtsamer Umgang

Sattva: das Reine, Ausgeglichene, Ausbalancierte; eines der drei → Gunas

Sattva Shuddhi: Klärung und Reinigung des Geistes auf dem Yogaweg

Satya: Aufrichtigkeit und Wahrhaftigkeit.

Shauca: Reinheit; gemeint ist damit der Prozess, sich von mentalen Schlacken zu reinigen, das heißt von ungünstigen, einengenden, negativen oder sogar destruktiven Denkmustern und den daraus resultierenden Verhaltensweisen

Savitri/Savitu: das alles mit Kraft und Leben erfüllende Licht der Sonne, Synonym für Surya, die Sonne

Shakti: die weibliche, aktive göttliche Kraft, die Bewusstseinsenergie, die Schöpfungskraft, Synonym für → Prana und → Kundalini

Shaktismus: eine Richtung innerhalb des Hinduismus, die den → Tantrismus und den → Hatha-Yoga stark beeinflusst hat; Kult der göttlichen Mutter (Shakti)

Shambhavi Mudra: die friedvolle innere Haltung, bei der man schaut, ohne zu sehen

Shambhu: der Segensreiche, der Friedvolle; ein Beiname → Shivas

Shanti: Frieden

Shavasana: die Haltung der Leiche, Entspannungshaltung in der Rückenlage im → Hatha-Yoga

Shiva: einer der Hochgötter des hinduistischen Pantheons, gilt als Herr des Yoga, steht im → Tantrismus für das reine Bewusstsein

Shivaismus: eine Richtung innerhalb des Hinduismus, die den → Tantrismus und den → Hatha-Yoga stark beeinflusst hat, Shiva-Kult

Shunya: die Leere, das Unentfaltete, in dem alles als Potenzial ruht

Smriti: Erinnerung, etwas im Gewahrsein behalten; eines der fünf → Vrittis

Spanda: Schwingung, eine Schule/Tradition im → Shivaismus von Kaschmir

Sthira: stabil

Sukha: leichtgängig, mühelos

Sukhasana: der angenehme, mühelose Sitz, eine Meditationshaltung mit verschränkten Beinen

Sukshma: subtil, fein

Sukshma Pranayama: der subtile, feine → Pranayama

Sushumna Nadi: »mittlerer Kanal«, feinstoffliches Energiegefäß, in dem die → Prana Shakti aufsteigen soll

Svadhyaya: Selbsterforschung, Selbsterkenntnis; eines der fünf → Niyamas und wesentlich für den Prozess der Selbstfindung im Yoga

Svatmarama: Autor der → Hatha-Yoga-Pradipika

Tamas: das Ruhende, Stabile, Träge; Grundeigenschaft der Energie; eines der drei → Gunas

Tantra/Tantrismus: Netz, Gewebe; eine Richtung in der indischen Philosophie, aus der der → Hatha-Yoga enstanden ist

Tapas: innere Hitze, Glut, inneres Feuer, Begeisterung; eines der fünf → Niyamas und wesentlich, um den Prozess des Yoga in Gang zu setzen und zu halten

Taraka Mudra: Konzentrationsübung, bei der der Blick entspannt nach innen und oben zur Mitte der Stirn gerichtet wird

Tattva: »das, was ist«; die Elemente, aus denen sich alles, was je erschaffen wurde, in jeweils etwas unterschiedlicher Weise zusammensetzt

Thangka: Meditationsbild im tibetischen Buddhismus

Ujjayi: die Siegreiche; Atmung mit dem Reibelaut, eines der → Pranayamas der → Hatha-Yoga-Pradipika

Unmani: Zustand, der den Geist übersteigt (transzendiert)

Upanishad: Quellentexte des Yoga, altindische Weisheitstexte

Upeksha: Geduld, Gleichmut, Fehlerfreundlichkeit mit sich und anderen

Vairagya: frei von Gier; Gleichmut, Gelassenheit, Gelöstheit

Vairagya Bhavana: der Standpunkt des losgelösten Beobachters

Vasana: Geruch; die tiefsitzenden, unbewussten Neigungen, die das Denken und Handeln subtil beeinflussen

Vayu: Wind, Hauch; Aspekt der Lebensenergie Prana

Veden: das Wissen; älteste religiöse Texte Indiens, früheste Quellentexte des Yoga ab ca. 1500 v. Chr.

Vikalpa: (Denken in) Konzepte(n), das Bewerten und Einordnen des Wahrgenommenen; eines der fünf → Vrittis

Viparita Karani Mudra: die innere Haltung der Umkehr, Umkehrhaltungen wie Kopfstand usw.

Viparyaya: falsche Wahrnehmung, die getrübt ist durch die »Linse« der Prägungen; eines der fünf → Vrittis

Vipassana: Achtsamkeitsmeditation, Meditationsform des Hinayana-Buddhismus auf Sri Lanka

Virya: Energie, Tatkraft, innere klare Ausrichtung für jedes Tun

Vishnu: einer der Hochgötter des hinduistischen Pantheons, steht sinnbildlich für das Bleibende, In-sich-Ruhende

Vritti: die Aktivitäten des Geistes wie Wahrnehmung, Erinnerung, Bewertung und so weiter

Yama: die fünf Gebote im Umgang mit der Außenwelt, erstes Glied im → Ashtanga-Yoga; beinhaltet Gewaltlosigkeit (→ Ahimsa), Wahrhaftigkeit (→ Satya), Nicht-Stehlen (→ Asteya), Nicht-Horten (→ Aparigraha) und einen Lebenswandel in Übereinstimmung mit dem göttlichen Gesetz (→ Brahmacharya)

Yantra: Stützen der Meditation, Diagramme und geometrische Darstellungen; Meditationsbilder, die ein unverzichtbarer Bestandteil tantrischer Rituale sind

Yoga-Kundalini-Upanishad: Quellentext des tantrischen Yoga

Yoga-Rahasya: Quellentext des Hatha-Yoga aus dem 8. Jh. n. Chr.

Yoga-Sadhana: der Übungsweg des Yoga

Yoga-Sutra: Leitfaden (Sutra) des Yoga, wichtigster Grundlagentext des Yoga, um Christi Geburt verfasst, dem Weisen → Patañjali zugeschrieben

Yogi/Yogini: der/die Yoga übt

Hinweise zur Aussprache:

C/CH	wie Tschüss (z. B. Chakra)
J	wie Dschungel (Japa)
R	gerollt wie im Italienischen (Raja);
S	wie Lasso (Asana)
SH	wie Schule (Shakti)
Y	wie Junge (Yama)

Literatur

Avalon, Arthur: *Die Schlangenkraft.* O. W. Barth Verlag, Bern, München, Wien 1982

Dalai Lama: *Das Herz der Liebe.* Theseus Verlag, Berlin 2004

Desikachar, T. K. V.: *Über Freiheit und Meditation – Das Yoga Sutra des Patañjali. Eine Einführung.* Verlag Via Nova, Petersberg 1997

Despande, P. Y./Bäumer, Bettina: *Patañjali – Die Wurzeln des Yoga.* O. W. Barth Verlag, 2. Auflage 1977 (aktuell in der 12. Auflage)

Engels, Sybille/Eßwein, Jan: *Meditation für Neugierige und Ungeduldige.* Gräfe und Unzer Verlag, München 2008

Glet, Beate/Trökes, Anna: *Hatha-Yoga-Pradipika. Eine Abhandlung über den Hatha-Yoga.* Übersetzung ins Deutsche auf der Grundlage der französischen Übersetzung von Tara Michaël und der englischen Übersetzung von Swami Digambarji. Eigenverlag Berlin 2006

Hermann, Ulrich (Hrsg.): *Neurodiaktik – Grundlagen und Vorschläge für gehirngerechtes Lehren und Lernen.* Beltz Verlag, Weinheim und Basel 2006

Hüther, Gerald: *Die Macht der inneren Bilder. Wie Visionen das Gehirn, den Menschen und die Welt verändern.* Gerald Vandenhoeck & Ruprecht, 4. Aufl., Göttingen 2008

Kabat-Zinn, Jon: *Gesund durch Meditation – Das große Buch der Selbstheilung. Das grundlegende Übungsprogramm zur Entspannung, Stressreduktion und Aktivierung des Immunsystems.* Fischer Verlag, Frankfurt 2006

Kornfield, Jack: *Meditation für Anfänger. CD mit 6 geführten Meditationen für Einsicht, innere Klarheit und Mitempfinden.* Goldmann Arkana, München 2005

Mannschatz, Marie: *Meditation – Mehr Klarheit und innere Ruhe (mit CD).* Gräfe und Unzer Verlag, München 2005

Mylius, Klaus: *Die Bhagavadgita.* dtv TB, München 1997

Osho: *Das Feuer der Meditation – Eine Anleitung zur inneren Brandstiftung.* Osho Verlag, Köln 2000

Osho: *Das orangene Buch – Die Meditationstechniken von Osho.* Osho Verlag, Köln o. J.

Osho: *Meditation – Die große Freiheit.* Goldmann Arkana, München 1999

Osho: *Was ist Meditation?* Edition Osho, Köln 2003

Ott, Ulrich: *Meditation für Skeptiker. Ein Neurowissenschaftler erklärt den Weg zum Selbst.* O. W. Barth Verlag 2010

Singer, Wolf/Ricard, Matthieu: *Hirnforschung und Meditation. Ein Dialog.* Suhrkamp TB, Frankfurt/Main 2008

Sriram, R.: *Patañjali – Das Yogasutra.* Theseus Verlag, Berlin 2006

Swami Rama: *Die Praxis der Meditation – Ein Leitfaden für den Weg nach Innen.* Verlag ganzheitlich leben, Ahrensburg 2008

Thomi, Peter: *Das indische Yoga-Lehrbuch Gherandhasamhita.* Institut für Indologie, Wichtrach (Schweiz) 2006

Trökes, Anna: *Das große Yoga-Buch.* Gräfe und Unzer Verlag, München 2010

Trökes, Anna: *Yogameditation – Ein Handbuch.* Theseus Verlag, Berlin 2004

Trökes, Anna: *Yogameditation. Angeleitete Meditationen (CD).* Theseus Verlag, Berlin 2004

Trökes, Anna: *Meditation – der Weg des Yoga: Ein praktische Einführung.* CD mit angeleiteten Meditationen. Herder Verlag, Freiburg 2010

Trökes, Anna: *Einswerden. Klassische Yogameditationen.* CD mit angeleiteten Meditationen. Theseus Verlag, Berlin 2005

Trökes, Anna: *Chakra-Yoga – Meditationen zur Aktivierung unserer Energiezentren.* CD mit angeleiteten Meditationen. Herder Verlag, Freiburg 2011

Trökes, Anna/Knothe, Bettina: *Yoga-Gehirn: Wie und warum der Yoga auf unser Bewusstsein wirkt.* O. W. Barth Verlag, Frankfurt, 2008

Yongey Mingyur Rinpoche: *Buddha und die Wissenschaft vom Glück. Ein tibetischer Meister zeigt, wie Meditation den Körper und das Bewusstsein verändert.* Goldmann Arkana, München 2007

Weitere Bücher aus dem Verlag Via Nova:

Theorie und Praxis des Hatha-Yoga
Ein Leitfaden zur Erfahrung der Energie
Boris Tatzky, Anna Trökes, Jutta Pinter-Neise   *3. Auflage*

Gebunden, 320 Seiten, Großformat, 270 Fotos, 60 Zeichnungen, ISBN 978-3-928632-15-7

„Theorie und Praxis des Hatha-Yoga" entstand aus dem Bedürfnis nach einem Yogabuch, das fundiert und leicht verständlich die Hintergründe des Übungsweges erläutert, der im Westen von so vielen Menschen geübt wird.

- Inhaltlich bietet es einen Übungsteil, der über die reinen Körperhaltungen des Hatha-Yoga hinausgeht
- Energielenkungen zur Vertiefung der Wirkungen,
- eine detaillierte, stufenweise Beschreibung der wichtigsten Yogahaltungen (āsana) mit der entsprechenden Atemlenkung (prāṇāyamā),
- Konzentrationstechniken, die typisch für den Hatha-Yoga sind.

In klarer und verständlicher Sprache werden die Konzepte unterschiedlicher Qualitäten der Energie (guṇas), der Körperhüllen (kośas) und der Energiezentren des Körpers (cakras) erläutert. Die Verfasser zeigen, wie die Lebensenergie durch bewussten Einsatz im Alltag und auf der Yogamatte geleitet und verstärkt werden kann.

Herz-Yoga
Die heilende Kraft inniger Verbindung / Mark Whitwell

Paperback, 272 Seiten, 160 Fotos und Grafiken, ISBN 978-3-86616-176-4

„Der höchste Ort yogischer Bewusstheit ist das Herz, nicht der Kopf." Und im Herzen sind wir alle schon erleuchtet, meint Mark Whitwell. Er studierte den Yoga bei bedeutenden Meistern wie T.K.V. Desikachar, der ihn auch in den Yoga des Yogameisters T. Krishnamacharia einführt. Im „Herz-Yoga" wagt Whitwell Revolutionäres: Er formuliert ein neues, ein eigenes Yogasutra des Herzens: 44 knapp zusammengefasste Weisheiten über das Leben, die Liebe und die Erleuchtung. Yoga ist für den Autor das Leben selbst, ein Tanz des Männlichen und des Weiblichen in gegenseitigem Respekt. Wie sich dies auf die eigene, tägliche Yogapraxis auswirken kann – auch dies kann man in diesem aufrüttelnden Buch lernen.

Kraftquelle Yoga
Das Praxisbuch des Viniyoga / Gary Kraftsow   *2. Auflage*

Paperback, 360 Seiten, Großformat, über 1000 Fotos, ISBN 978-3-86616-027-9

„Der Stern des Yoga geht auf." Mit diesen Worten beginnt ein Buch, dessen Lektüre für alle Yoga-Praktizierenden zu einer Sternstunde des Yoga werden kann. Im ersten Teil des Buches, das auf einzigartige Weise eine Vielzahl von Themen in großer Tiefe behandelt, erläutert der Autor die Grundlagen der Yoga-Praxis, zu denen körperliche Haltungen, der Atem und der richtige Aufbau einer Yoga-Stunde gehören, sowie die Biomechanik der Bewegung anhand einer Reihe praktischer, in sich abgeschlossener Übungsreihen. Der zweite Teil behandelt das enorm große Heilungspotenzial, das der Yoga-Therapie innewohnt. Für eine Vielzahl körperlicher und seelischer Erkrankungen zeigt der Autor
- stets wissenschaftlich fundiert – eine Fülle von Übungsreihen und Haltungen, die in hohem Maße zu ihrer Heilung beitragen können. Einzigartig sind auch die exzellenten, über 1000 fotografischen Darstellungen und detaillierten Anleitungen zu den einzelnen Asanas. Dieses Buch ist eine Goldgrube praktischen Wissens, das den Leser immer wieder zu neuen Erkenntnissen führen wird.

Heilgebärden
Verbindung mit dem heilenden Feld durch Bewegung und Meditation – Vorwort von Chuck Spezzano
Barbara Schenkbier

Hardcover, 160 Seiten, 42 mehrfarbige Fotos, ISBN 978-3-86616-175-7

Die Heilgebärden sind im Rahmen der Ausbildung für spirituelle Heilung inspirativ von der Autorin Barbara Schenkbier empfangen und ausgestaltet worden. Sie sind für jeden leicht durchzuführen. Achtsame Gebärden und Haltungen öffnen den Übenden für den Strom der Heilenergie aus dem heilenden Feld. Dynamische Bewegungen und Energiemassage aktivieren die Lebensenergie, so dass der Körper und die Feinstoffebenen durchströmt und geheilt werden. In der wachen Vergegenwärtigung der strömenden Heilkraft und in den Meditationen werden auch Geist und Seele angesprochen und wichtige spirituelle Grundhaltungen wie Achtsamkeit, Hingabe und Demut entfaltet.

Yoga – Energie ein Leben lang
Übungszyklen und Meditationen des Hatha Yoga
Jutta Pinter-Neise

Hardcover, 240 Seiten, 200 farbige Fotos, ISBN 978-3-86616-098-9

In diesem Buch werden 35 Jahre Erfahrung im „Yoga der Energie" weitergegeben. Die Entwicklung der Achtsamkeit führte zu einer immer größeren Einfachheit und Genauigkeit in der Ausführung der Haltungen und Bewegungsabläufe. Die vier Übungszyklen bauen in ihrer Anforderung aufeinander auf. Je tiefer der Übende sich einzulassen gewillt ist, desto tiefer wird er berührt werden. Die einzelnen Übungen sind so aufeinander abgestimmt, dass jede Übungssequenz eine in sich geschlossene Einheit ergibt, die jeweils mit einer Meditation abschließt. Der Autorin geht es darum, zu berühren, damit Veränderung geschehen kann. Ihre jahrelange Suche hat ihr mit aller Deutlichkeit gezeigt, dass es nur unser Denken und Fühlen ist, das alles verändert.

Yoga der Befreiung
Das Praxisbuch des JIVAMUKTI YOGA
Mit einem Vorwort von Sting
Sharon Gannon / David Life

Paperback, Format: Din A 4, 288 Seiten, über 800 Fotos, ISBN 978-3-86616-161-0

Entdecke die einzigartige Energie und Kraft des Yoga, die dein Leben transformiert. Die Gründer des Jivamukti Yoga Centers in New York erklären in diesem umfassenden Handbuch ihr körperliches und spirituelles Yogasystem, das auf fließenden Bewegungsfolgen basiert. Sie verknüpfen die Weisheit der yogischen Schriften und der Meditation mit der herausfordernden Praxis des Hatha Yoga, beschreiben die körperlichen Haltungen und zeigen auf, wie sie in der jahrtausendealten Tradition entstanden sind, welche psychotherapeutischen Vorteile durch regelmäßige Übung entstehen und wie spirituelle Kräfte freigesetzt werden, wenn die Energie durch Körper und Geist frei fließt. Das Buch gibt in Bild und Text viele sachkundige Anleitungen, wie man durch Übungen physische Stärke, Gesundheit, Gelassenheit, Selbsterkenntnis und spirituelle Freiheit erreichen kann, und erklärt, wie Yoga zum verantwortungsbewussten Handeln führen kann.

Yoga für Krebspatienten
Evelyn Horsch-Ihle

Paperback, 272 Seiten, 180 farbige Fotos, ISBN 978-3-86616-174-0

Erstmals gibt es hier ein Yoga-Programm, mit dem Krebspatienten Antworten auf diese Fragen finden können und das sie genau dort abholt, wo sie gerade sind: bei Unruhe und Erschöpfung, bei Schlaflosigkeit oder Depression. Dieses einzigartige Programm stärkt die inneren Ressourcen und baut die Lebensenergie wieder auf. Es ist das Ergebnis von mehr als 25 Jahren Erfahrung und zusammen mit Krebspatienten entwickelt worden, um bewusst zu machen, dass ein solches Leben mit dem Krebs auch lebenswert ist und dass man der inneren Heilkraft vertrauen darf.

Das große Yoga-Therapiebuch
Yogapraxis für die Gesundheit und einen klaren Geist
Vorwort von Rüdiger Dahlke
Remo Rittiner

Paperback, 208 Seiten, 400 Fotos, ISBN 978-3-86616-149-8

3. Auflage

Das Buch basiert auf den Grundprinzipien der Yogatradition des Yogameisters T. Krishnamacharya und seines Schülers A.G. Mohan sowie auf den neuesten Erkenntnissen der westlichen Anatomielehre. Es ist klar und verständlich geschrieben und eignet sich sowohl für AnfängerInnen als auch für fortgeschrittene Yogaübende, die sich für das große Heilungspotential der Yogatherapie interessieren. Remo Rittiner hat seine langjährige Erfahrung mit zahlreichen Menschen, die regelmäßig unter seiner Anleitung Yoga praktizieren, in dieses Buch einfließen lassen.

Yoga Meditation
Remo Rittiner

CD Dauer 46 Min., ISBN 978-3-86616-103-0

In der CD Yogameditation stellt Ihnen der bekannte Yogalehrer Remo Rittiner eine Meditationstechnik vor, die auf fünf Gliedern des Yoga nach Patanjali beruht. Dabei verlängern wir bewusst den Atem, beobachten ihn und den Energiefluss im Körper. Den Geist sammeln wir in der Wahrnehmung der Energiezentren (Chakras). In der letzten Stufe der Meditation öffnen und versenken wir uns in das Licht.

Patanjali Meditation 33:09 Min.

1. Stihra Sukhamasanam – Stabile und leichte Haltung
2. Pranayama – Ausdehnung des Atems
3. Dharana – Anhaltende Ausrichtung
4. Dhyanam – Anhaltende tiefe Konzentration führt zur Meditation
5. Samyama – Versenkung in das Licht auf dem Scheitelpunkt bringt uns in Kontakt mit der Weisheit der erleuchteten Wesen

Gayatri Mantra Meditation 13:06 Min.

Dem Geheimnis der Gedanken auf der Spur
Das Gehirn wächst mit seinen Herausforderungen
Prof. Dr. Gela Weigelt

Paperback, 152 Seiten, 70 farbige Fotos, ISBN 978-3-86616-191-7

Nicht nur die Leber, auch das Gehirn wächst mit seinen Aufgaben und Herausforderungen. Die Neurowissenschaften zeigen uns, wie Gedanken im Gehirn als In-Formationen „entstehen". Die moderne Physik beweist, dass es eine Quantenwelt „hinter" dem Gehirn gibt, in der diese Informationen enthalten sind, und die Spiritualität liefert die zeitlosen Erkenntnisse über die „wahre Natur" der Gedanken. Dieses Buch bietet eine Synthese aus Wissenschaft und Spiritualität. Zahlreiche farbige Bilder erläutern den Text und führen so zu einem tiefen Verständnis des Geheimnisses um die Gedanken, die in unseren Gehirnen auftauchen.

Lach-Yoga schenkt Lebensfreude
33 Übungen zum Mitlachen
Gabriela Leppelt-Remmel

DVD, Laufzeit: 65 Minuten, ISBN 978-3-86616-195-5

Eine ausbalancierte Mischung aus spielerischen Lach-Übungen, Yoga-Atmung, Dehnungs- und Klatschübungen sind die vier Grundelemente des Lach-Yogas. Das Lachen wird hierbei bewusst initiiert, ohne dass es eines Grundes bedarf. Dass es kinderleicht ist, zeigt Ihnen die Lach-Yoga-Meisterin anhand der beliebtesten Übungen, wie sie auf der ganzen Welt in so genannten „Lachclubs" praktiziert werden. Es handelt sich um die erste DVD dieser Art in deutscher Sprache. Alle Übungen haben Namen wie etwa das Guru-Lachen oder das Geisha-Lachen. Sie sind für jedes Alter geeignet, laden Sie ein zum herzlichen Mitlachen und schenken tiefgreifend Gesundheit, Wohlergehen und ein heiteres Gemüt.

Wenn alle Menschen Freunde wären ...
Dein Beitrag für eine bessere Welt
Chuck Spezzano

Hardcover, 192 Seiten, ISBN 978-3-86616-168-9

Die Welt von heute krankt daran, dass viele Menschen nur auf ihr eigenes Wohl bedacht sind und für ihre Mitmenschen kaum einen Blick übrig haben. Spezzano macht deutlich, dass wir die Welt verändern können, wenn wir alle Menschen als Freunde betrachten. Er zeigt Wege und Möglichkeiten auf, wie wir unseren Freunden helfen und damit nicht nur ihr Leben, sondern auch unser Leben positiv beeinflussen können. im ersten Teil wird das Prinzip der „Freunde, die Freunden helfen" anhand zahlreicher Beispiele aus der persönlichen Erfahrung des Verfassers ausführlich erläutert. Der zweite Teil bietet eine ganze Reihe von heilenden Prinzipien und Übungen, die dem Leser zeigen, wie er sich mit anderen Menschen verbinden kann, um ihnen – und damit zugleich sich selbst und der Welt – zu helfen.

Atlas der Weltreligionen
Das Basiswissen
Eckard Wolz-Gottwald

Hardcover, 168 Seiten, 133 Grafiken, ISBN 978-3-86616-181-8

Begegnungen mit anderen Religionen gehören heute zu unserem Alltag. Für einen offenen und fruchtbaren Dialog bildet ein exaktes, wissenschaftlich abgesichertes Basiswissen über die anderen Religionen das Fundament. Der vorliegende Atlas bietet nicht nur Texte, sondern auch zahlreiche grafische Darstellungen, die selbst komplizierte Zusammenhänge einsichtig und verständlich machen. Neben der Darstellung der einzelnen Religionen, deren Geschichte, heilige Schriften, Lehren, Praxis und spirituell-mystische Wege werden auch die Frage nach der Wahrheit gestellt und Möglichkeiten gezeigt, wie das Verhältnis der Religionen zueinander gedacht werden kann.

Yoga-Weisheit leben
Philosophische Übungen für die Praxis
Eckard Wolz-Gottwald

Taschenbuch, 168 Seiten, ISBN 978-3-86616-137-5

„Gelebte Yoga-Weisheit" ist ein Übungsbuch für Einsteiger wie Fortgeschrittene, die durch Yoga-Philosophie ihre Praxis vertiefen und weiterführen wollen. Jedes der 18 Kapitel ist verbunden mit Übungen, durch die Yoga-Philosophie nicht nur verständlich, sondern auch im Alltag anwendbar und erfahrbar wird. Das Buch zeigt, dass Yoga-Philosophie weit mehr bedeutet als Theorie. Die philosophischen Übungen helfen, sich des ursprünglichen Sinns der Yoga-Praxis bewusst zu werden. Es wird möglich, Yoga als Weg der Schulung der Bewusstheit von Körper, Geist und Seele, aber auch als Wegweisung für das Leben im Alltag zu erfahren.

Chakra Vokal-Training
Chakras und die magische Kraft der Stimme
Joachim Sevenich

Paperback, 176 Seiten, 36 Grafiken und Tabellen, ISBN 978-3-86616-015-6

Das Buch Chakra Vokal-Training zeigt in eindrucksvoller Weise, wie die Töne und Vokale unserer Stimme eingebettet sind in ein machtvolles Wirken von Klang und Schwingung. Der Autor hat ein richtungsweisendes Werk geschrieben, in dem er anschaulich darstellt, wie aus den Vokalen in Verbindung mit den Hauptenergiezentren, den Chakras, schöpferisches Wirken entsteht. Egal, ob Sie sich meditativ versenken, Ihre Selbstheilung anregen oder Wünsche realisieren möchten, der praktischen Anwendung des Vokal-Trainings im Alltag sind keine Grenzen gesetzt. Selbst bei der Partnersuche, Prüfungsvorbereitung oder Erkenntnisgewinnung kann die zauberhafte Kraft der Stimme kreativ angewendet werden. Durch Anleitungen, speziell zur Kommunikation mit Herz und nSeele, wird zudem der Kontakt zu Ebenen ermöglicht, die im Alltag allzu leicht verschüttet sind und die doch eine absolute, persönlich erfahrbare Wahrheit beinhalten. Damit Sie selbst die ganz neuen Seiten Ihrer eigenen Stimme erfahren können, laden viele Übungen dazu ein, die faszinierenden Möglichkeiten des Vokal-Trainings leicht und mit Spaß zu erproben.